Três pragas
do vírus

Vinicius Torres Freire

Três pragas
do vírus

Política internacional, dívida e desemprego na pandemia

todavia

Para Sofia e Manuel

Prefácio **9**

1. Morte em Veneza e a política internacional do vírus **13**
2. Quem paga a conta da epidemia **33**
3. O vírus do fim do trabalho **69**

Agradecimentos **86**
Notas **87**

Prefácio

Apenas quando algo irrevogável
aconteceu é que podemos tentar retraçar
a sua história. O acontecimento
ilumina seu próprio passado;
jamais pode ser deduzido dele.

Hannah Arendt, *Understanding*
and Politics, 1954

Este pequeno livro é feito de ensaios jornalísticos. Tenta recorrer a um pouco de intuição, história e economia política a fim de observar alguns efeitos ainda circunstanciais e dilemas críticos do desastre da Covid-19. Se tiver alguma valia, será um dos rascunhos do mapa do campo minado e dos abismos da economia do vírus.

O que está do outro lado desta meia-noite é a incerteza de sempre na escuridão adiante, agora mais densa. Porém, deste lado de cá haveria três coisas a dizer sobre o desarranjo internacional que facilitou a invasão bárbara do vírus, sobre quem deve pagar a conta das imensas dívidas públicas deixadas pela calamidade e sobre a epidemia que dizima o trabalho, já doente de automação e precarização. Não são problemas novos, claro. Trata-se nestes textos da culminação algo acidental das crises de um tempo em que se tornou cada vez mais frequente a oportunidade ou a obrigação de pensar o impensável, como diz o lugar comum, nem por isso equivocado ou hipérbole ingênua.

O colapso financeiro que começou em 2008 provocara uma reviravolta na teoria e na prática da política econômica. O Estado precisou intervir de modo extravagante a fim de evitar que a finança desabasse de vez sobre a sociedade, embora então ainda prevalecesse a ideia de que em algum momento a vida voltaria ao trilho normal dos negócios. Não voltou, como sugerem também os protestos que rodam pelas ruas do mundo desde 2011 e o estado de sítio em que vivem as democracias — os remédios exorbitantes para a Grande Recessão foram apenas paliativos e um tanto cínicos. A catástrofe do vírus é de outra espécie, mas provocou uma operação de salvamento econômico ainda mais ampla e heterodoxa, agora não apenas no mundo rico. Além disso, tantas declarações de estado de calamidade e providências excepcionais deram o que pensar: a partir de qual limiar de sofrimento ou risco social se admitem uma emergência e remédios antes inimagináveis, tal como se fez em 2008, 2012 e 2020?

A pandemia justifica um estado de exceção no governo da economia, mas essa não havia sido a reação em quase quatro décadas de durezas como aumento da desigualdade, estagnação da renda, trabalho cada vez mais precário, desemprego crônico, polarização social, alienação democrática, xenofobia. Parece que pensar e fazer o impensável seria admissível apenas em caso de risco de morte indiscriminada, epidêmica, ou colapso financeiro, sistêmico, situações extraordinárias porque vão muito além da aniquilação habitual das vítimas de sempre, pobres, pretas ou que moram longe, urbi et orbi. Dado o contraste, os donos do poder ou do dinheiro têm ficado, mais do que nus, transparentes.

A história dos sacrifícios passados passa então a fazer um sentido também intolerável. A perspectiva de que os sofrimentos na catástrofe sejam apenas aliviados de forma provisória talvez não dê a quase mais ninguém ânimo para sofrer, chame-se tal iluminação de crise de legitimidade ou de reconhecimento da quebra do contrato social.

Durante a epidemia, a desigualdade e a pobreza foram acentuadas na prática e se tornaram visíveis sob nova perspectiva. Houve um aprendizado social concreto das implicações da iniquidade no trabalho, na moradia, na saúde, nas chances de sobreviver e, enfim, a visão clara e renovada de quem está marcado para morrer. Os auxílios emergenciais deram ideias aos mais ou menos danados da terra. Por que inexistiam? Por que teriam de terminar? Ficou evidente também que a desordem política do mundo assediado por autoritarismos nacionalistas renova e amplia ameaças ambientais, sanitárias, econômicas e sociais. É preciso coordenação internacional até para redistribuir renda, cobrar impostos mais justos, proteger o que restar do trabalho ou conter oligopólios tecnológicos e mentiras opressivas nas redes insociáveis.

Pensar o impensável não quer dizer que qualquer outro mundo seja possível. Existe sempre algum limite técnico, alguma escassez e, para variar, dominação. A inovação social e econômica é, por definição, imprevisível. Mas algo se move, das mais dominadoras das ideias dominantes, as econômicas, à prática de governos no centro do mundo; algum experimentalismo pragmático deixou de ser tabu. Ainda não se sabe se movimentos políticos novos serão destampados pelo fim dos confinamentos, em um mundo mais pobre e agora experto em alternativas um dia tidas como inviáveis. A regressão, enfim, é sempre uma alternativa. Faz um século, nos anos 1920, os donos do mundo optaram pela barbárie.

I.
Morte em Veneza e a política internacional do vírus

Romeu e Julieta não morreram de um amor impossível. Morreram por causa da peste. Um dano colateral, por assim dizer. Ainda nos seus treze anos, Julieta finge-se de morta para escapar de um casamento arranjado. Dorme letárgica na tumba da família graças a uma droga oferecida pelo amigo frei Lourenço. O franciscano pede a um irmão que leve uma carta que revelaria esse estratagema a Romeu, escondido em Mântua depois de assassinar um Capuleto. Mas Romeu receberia apenas a notícia exagerada da morte da amada. Desesperado, corrompe um boticário para obter um veneno, volta a Verona e acaba por se suicidar no mausoléu dos Capuleto. Ao despertar e ver o amado morto, Julieta se mata também.

A mensagem jamais chegou ao jovem Montecchio porque o confrade de Lourenço, suspeito de peste, fora confinado em quarentena.

A doença que dizimava os contemporâneos dos Montecchio e dos Capuleto na Itália do século XIV é quase dissimulada na tragédia de Shakespeare. O dramaturgo talvez não quisesse deprimir ainda mais seu público, abatido também por epidemias recorrentes. Nos mais de trezentos anos em que sofreu com a praga, Londres teve em média um surto a cada dez anos, pelo menos. Quando Shakespeare escrevia suas grandes peças, em torno do ano de 1600, cada onda da peste chegava a matar um quarto da população londrina.[1] Pelas ordens do conselho do rei e do lorde prefeito, eram proibidas aglomerações e decretados confinamentos — o lockdown era então o shutdown.

Nos tempos shakespearianos, também os teatros eram fechados quando o número de mortes na cidade passava de trinta por semana. Shakespeare, empresário teatral e escritor, penava para sobreviver. Sua companhia fazia turnês pelo interior a fim de conseguir algum dinheiro.[2]

Quarentenas, confinamentos, distanciamento social e cordões sanitários são técnicas medievais de saúde pública, criadas aos poucos pelas cidades do norte da Itália desde que a peste voltara à Europa, em 1347. Legitimavam também medidas autoritárias em geral: prisões forçadas, trancamento de pessoas, famílias e bairros, invasões de domicílio, controle da atividade econômica. A tentativa de fuga dos limites poderia dar em morte ou excomunhão. Confinamentos e o pânico da doença epidêmica causaram revoltas políticas, dores e lutos similares ao longo de 2500 anos, dizem os registros ocidentais.[3]

Tais medidas acabaram por fazer efeito contra uma infecção como a peste, em parte por acaso. A teoria médica dominante, dos gregos a meados do século XIX, atribuía doenças ao desequilíbrio dos humores corporais (sangue, bile negra, bile amarela e fleuma), em interação com os quatro elementos (água, terra, fogo e ar). Os ares vez ou outra seriam poluídos pelos vapores doentios de alguma podridão, os miasmas, que viriam de eflúvios de cadáveres e de putrefações em geral.[4] Ainda em 1892, discutia-se na Europa se o cólera era causado por germes ou por miasmas.[5]

O comércio internacional levava a peste a venezianos, genoveses e florentinos, precursores da vigilância sanitária. Desde o século XV, Veneza isolava em ilhas da laguna os navios que chegavam de regiões suspeitas, condução coercitiva a cargo da marinha de guerra. Tripulações e passageiros eram confinados em lazaretos, misturas de prisão, hospedaria de imigrantes e hospital de campanha, de administração complexa. Pertences e mercadorias eram fumigados e expostos ao sol. Doentes que furassem tais barreiras eram rastreados na cidade, rotulados com um selo roxo e também confinados.

O isolamento durava quarenta dias. Por que quarenta? Era um número significativo na Bíblia: quarenta dias de dilúvio ou de tentações de Cristo, quarenta anos à procura da Terra Prometida etc. Os dias de quarentena não dissipavam os miasmas, mas isolavam doentes por um tempo muito além do período de incubação da doença e da vida de pulgas contagiosas. De qualquer modo, dois terços dos confinados morriam e assim levavam as bactérias com eles.

No mundo da fragmentação política medieval e imediatamente pré-moderna, o isolamento das cidades era ineficiente. Faltava coordenação estatal ampla, pois Estados nacionais fortes e suas burocracias começariam a aparecer apenas para encerrar o ciclo de pestes europeu, no século XVII. Coordenação internacional tampouco havia.

A última grande barreira europeia contra a peste foi a fronteira da Áustria dos Habsburgo com os Bálcãs, de 1710 a 1871. Procurava conter a peste que vinha do comércio com a Ásia, via Turquia. A linha de tropas e quartéis ia do Adriático à Transilvânia. Diplomatas, espiões e vigilantes sanitários que trabalhavam no Império Otomano davam alertas; culpados de furar os bloqueios eram fuzilados. O cordão sanitário foi enfim desmanchado porque era opressivo, porque economistas reclamavam do prejuízo, porque agricultores se queixavam da conscrição forçada na tropa sanitária e porque médicos diziam que a praga já estava muito longe, na Turquia.[6]

As primeiras ideias de vigilância internacional apareceram em meados do século XIX, com as conferências sanitárias convocadas por causa das epidemias de cólera, reuniões de cúpula que, como de costume até hoje, não tiveram muito sucesso em aplicar suas convenções. Um motivo do fracasso decorria da controvérsia sobre a causa da disseminação da doença, apesar do trabalho do médico londrino John Snow, pesquisa empírica que já apontava a água contaminada por fezes infectadas como transmissora da doença. A teoria dos germes seria firmada apenas com os trabalhos de Louis Pasteur e Robert Koch, em fins do século XIX, e assim a controvérsia perdurou. Até pelo menos a pandemia de gripe espanhola, era comum atribuir a disseminação do cólera a peregrinos muçulmanos que trariam a doença da Arábia, por exemplo, e a de várias pragas a pobres e "raças inferiores" em geral.[7]

Ideias de cooperação internacional apareceram e definharam sem muito sucesso depois da epidemia de gripe espanhola, que matou algo em torno de 50 milhões a 100 milhões de pessoas entre 1918 e 1920, cerca de 2,5% a 5% da população mundial de então.[8] Uma iniciativa de cooperação mundial institucionalizada em assuntos de saúde pública seria enfim estabelecida e encarnada no sistema internacional de instituições multilaterais que surgiu depois da Segunda Guerra Mundial. A Organização Mundial da Saúde foi criada em 1948.

O assassino do rei está na cidade

Apesar dos cuidados, "em toda parte, grandes epidemias pegavam as autoridades despreparadas, o que levava a confusão, caos e improviso", escreveu o historiador Frank Snowden em *Epidemics and Society: From the Black Death to the Present*. As autoridades fazem papelão semelhante pelos séculos. Há recusa em aceitar que uma doença grave está ao largo. A seguir, se diz que, se há doença, não é peste, se é peste, não é do pior tipo, se é a pior, não é uma epidemia; "não é tudo o que dizem", "é uma gripezinha", "um embuste", contam escritores ou historiadores de pragas várias. "O que lhes falta é imaginação. Nunca estão à altura dos flagelos. Os remédios que imaginam mal estão à altura de um resfriado. Se os deixarmos agir, acabarão por morrer, e nós com eles", diz uma personagem de *A peste*, de Albert Camus.[9]

No entanto, faz tempo a peste deixou de ser um castigo dos céus. A eficiência do distanciamento social é uma descoberta medieval. Desde o século XX sabe-se com certeza que maus ares na verdade são povoados por microrganismos. No Ocidente, há duzentos anos passou a haver algum tipo de vacina. Daqui a pouco o antibiótico fará um século de idade. A agitação política e social acabou por fazer com que se criasse um sistema de saúde pública financiado pelo Estado a partir dos anos 1920.[10] Pactos internacionais estabeleceram uma rede mundial de alertas sanitários, de cientistas e de laboratórios capazes de identificar e mapear, em semanas ou dias, os genes de vírus ou micróbios até então desconhecidos.

Na peça de Sófocles, o rei Édipo manda seu cunhado perguntar ao oráculo de Delfos por que uma praga dizima seus súditos que lhe suplicam socorro. Apolo manda avisar que um mal, nascido e abrigado em Tebas, corrompe a cidade. O castigo pode ser divino, mas os motivos estão no reino dos homens. Há um assassino real na cidade, Édipo, que matara um homem sem saber que era seu pai, o rei tebano anterior. A peste é a punição desmedida de um crime do qual seu autor não imaginava consequências tamanhas. Quem poderia confessar e pedir perdão pela ignorância nos dias de hoje?[11]

A invasão bárbara do vírus

No dia 10 de março de 2020, a epidemia de Covid-19, ou pelo menos sua primeira onda, estava chegando ao fim na China. O total de mortes passara então de 3 mil, mas o número diário de novas vítimas baixara à casa de duas dezenas. A União Europeia contava então 527 mortos, 88% deles na Itália; o "vírus chinês", nas palavras de Donald Trump, ainda era "um problema italiano". Foi em 10 de março que a Itália decretou confinamento nacional. No dia seguinte, os Estados Unidos barram aviões que vinham da Europa; a OMS declara a pandemia. Em 13 de março, o governo americano anuncia "emergência nacional". O drama italiano e o ato unilateral, surpreendente, do cordão sanitário aéreo americano despertaram enfim a Europa ocidental do seu estado de choque de incredulidade e de negligência letárgica. Os europeus começariam a baixar medidas de confinamento e distanciamento social a partir de meados do mês. Ao mesmo tempo, Estados Unidos e União Europeia passaram então a anunciar rapidamente programas trilionários, de gasto público direto e de financiamento de dívidas públicas e privadas, com o objetivo de atenuar o impacto das quarentenas sobre emprego e empresas. Foram dez dias que abalaram o mundo.

No ápice da mundialização, na era das cadeias globais de valor, da produção *just in time*, das comunicações instantâneas, da tentativa de governo supranacional da União Europeia, dos acordos internacionais de cooperação sanitária, da tecnocracia mais ilustrada em ciência da história, as reações de política econômica e de saúde pública foram tardias, locais e descoordenadas, quando não de agressividade nacionalista e mesquinha. Europeus e americanos chegaram a disputar na mão grande equipamentos médicos que custam apenas uma dezena de milhar de dólares ou mesmo máscaras hospitalares que valem centavos em tempos normais. Tentavam furar a fila de espera pela produção chinesa, deixando para trás inclusive países menos afortunados; fecharam fronteiras por decisão unilateral e impuseram controles ao comércio de produtos médicos e farmacêuticos. Em um mundo da eficiência, não havia redundância prudente — sempre um custo —, estoques de aparelhos hospitalares e remédios, nem capacidade ou determinação de produzi-los. Tais estoques ou reservas também são, em última instância, um seguro social. Tampouco havia seguro social propriamente dito para milhões de trabalhadores sem direitos de seguridade social e para qualquer um daqueles da economia do bico de todo o mundo (*gig workers*).

A restauração da ordem econômica ou da gambiarra que impede seu desequilíbrio terminal já havia custado um imenso, extraordinário e até então inimaginável remendo do pior dos recorrentes colapsos financeiros do século XXI, aquela ruína que começou em 2008. Ali, todos os Bancos Centrais do centro do mundo rico foram instados a transformar em dilúvio sua capacidade habitual e em geral comedida de fazer chover, de criar moeda do ar, do nada, por exemplo. Era preciso fazer o que fosse para financiar a baixo custo governos quebrados ou que gastavam a fim de atenuar o mergulho recessivo e a quebradeira. O Estado era também o último recurso para se evitar a falência de bancos e grandes empresas; para religar o carrossel do crédito, interrompido por pânico ou falências, emprestando sem limite, quando não a fundo perdido. Além de governos e empresas, bancos e similares, seus acionistas e credores, receberam subsídios ou doações de modo mais ou menos indireto. Receberam um seguro pelo qual pagaram prêmio irrisório, se algum, por um desastre que eles mesmos provocaram.

O grande dilúvio de dinheiro ocorria agora outra vez, na catástrofe pandêmica, em escala ainda maior, embora a necessidade de dar sobrevida aos órgãos vitais da economia e de evitar a convulsão social imediata tenha feito com que o sangue da nova e imensa despesa estatal na epidemia não fosse apenas para a cabeça. O gasto público muito bem contado e represado, ou assim deveria sê-lo, na propaganda, explodiu sem possibilidades de ser contido tão cedo. A fronteira do impensável foi vazada outra vez, agora pela invasão viral.

Se o núcleo da economia mundial entra em fusão, deve-se fazer "o que for preciso", "*whatever it takes*",[12] como se tornou frequente dizer desde a crise de 2008, como se diz também agora do meteoro do vírus. De fato, a falência em cadeia de bancos e similares provocaria a evaporação dos dinheiros, das poupanças e do crédito, um inverno nuclear econômico que não pouparia ninguém, argumenta-se, com razão. A ameaça do vírus parece motivo ainda mais evidente para fazer o que for preciso, pecar por excesso e não omissão. Também por uma boa razão cabe a pergunta de como saber quando se vive em um estado ou momento de exceção. Quando o inimaginável deixa de sê-lo?

Para quem considera que expressões como "descoordenação internacional" são vagas ou ingênuas, convém lembrar que a reação anárquica e nacionalista à crise detonada em 1929 tornou o desastre ainda maior, com o nacionalismo também econômico, protecionista, com a descrença na democracia, na difusão da ideia de guerra e genocídio, na desordem piorada pela falta de pelo menos um poder internacional capaz de liderar a solução da crise com financiamento e ordenamento de decisões — o Reino Unido estava em decadência e os Estados Unidos eram então isolacionistas. Não se trata de guerra, agora ou por enquanto, mas a carnificina, o colapso econômico ou o desconcerto psicológico e cultural têm a dimensão de um desastre marcial.

Conhecimento e desinteresse

"Antes de uma epidemia, tudo que você diz soa alarmista. Depois que uma epidemia começa, tudo que você fez é inadequado", disse em 2020 Mike Leavitt, secretário de Saúde de George W. Bush que alertava para os riscos de uma pandemia de gripe nos primeiros anos do século e que virou motivo de piadas em *talk shows*.[13]

Entre 2011 e 2018, a OMS acompanhara 1483 epidemias em 172 países. As chances de uma pandemia eram crescentes, mas o mundo não estaria preparado para um patógeno virulento que atacasse as vias respiratórias e se espalhasse rapidamente pelo planeta. As mudanças ambientais expunham cada vez mais os humanos a vírus de outros animais. Para piorar, a confiança na ciência e nas instituições estava sendo erodida. Embora tivessem sido dados alguns passos desde a ameaça do Ebola (2014), o nível de preparação internacional ainda era "grosseiramente insuficiente". Trata-se de sumário brevíssimo do que se escrevia em setembro de 2019 em um relatório do Global Preparedness Monitoring Board sobre a ameaça de uma epidemia, uma comissão de especialistas e políticos patrocinada pelo Banco Mundial, mas independente.[14]

O risco de uma pandemia tão mortífera quanto a gripe espanhola (1918-20) era estudado, quando não previsto, pela alta burocracia da administração dos Estados Unidos, de países da União Europeia e de instituições multilaterais. Em novembro de 2017, o Banco Mundial publicara o relatório "Do Pânico e da Negligência ao Investimento em Segurança da Saúde: O Financiamento da Preparação para a Pandemia em Nível Nacional". Sugeria entre outras medidas uma avaliação internacional da capacidade dos países de cumprirem os requisitos das Regulamentações de Saúde Internacional de 2005, uma espécie de manual de resposta da OMS a doenças transnacionais, reformulação de diretrizes suscitada pelas ameaças recentes de pandemias graves de gripe.

Um relatório sigiloso do ministério (*department*) da Saúde americano, rascunhado em outubro de 2019, semanas antes do início real da epidemia de Covid-19, descrevia o cenário de uma pandemia hipotética de gripe que surgiria na China. Morreriam mais de 500 mil americanos. Haveria morticínio em excesso porque a reação do governo seria precisamente aquela que se viu: descoordenação entre administrações, estados e cidades, escassez de equipamentos e confusão intelectual e operacional a respeito da adoção de medidas de contenção das infecções. Era o "Cenário Carmesim", descrição de um exercício real de reação das autoridades americanas a uma epidemia, uma espécie de jogo de guerra sanitário, parte de planos que vinham sendo elaborados pelo menos desde a pandemia da gripe suína, a H1N1 (2009-10) e do Ebola (2014).[15] Nos depoimentos de 2018 e 2019 ao Congresso, a Direção Nacional de Inteligência dos Estados Unidos insistiu que um dos maiores riscos para a segurança americana e mundial era uma epidemia como a de gripe.[16]

No dia 30 de janeiro de 2020, a Organização Mundial da Saúde declararia o coronavírus uma Emergência de Saúde Pública de Importância Internacional, um alerta de consequências mais práticas do que a proclamação de uma pandemia, o que seria feito 41 dias depois. Todos os países "deveriam se preparar para a contenção" da doença. Isto é, vigilância ativa de casos, testes para a detecção precoce, isolamento dos infectados, rastreamento de seus contatos, prevenção de contágios adicionais e compartilhamento de todos os seus dados (nacionais).[17]

A Comissão Europeia, o que existe de governo da União Europeia, ocupava-se no início de março da ameaça de uma nova crise migratória na fronteira greco-turca. As migrações, legais, ilegais ou de "refugiados", eram um tema quente desde meados da década, assunto eleitoral de peso, que contribuiu para a propaganda de partidos de extrema direita em ascensão em quase todo o continente e relevante para a vitória do Brexit. Lançara em dezembro de 2019 as diretrizes de um plano de desenvolvimento ambiental europeu, ainda vagamente delineado e que viria a entrar no centro do debate continental depois de controlada a primeira onda de epidemia, como uma parte do plano de reconstrução econômica europeia. Mas por que o governo europeu não poderia pensar em dois assuntos ao mesmo tempo?

O primeiro relatório do European Centre for Disease Prevention and Control Risk sobre a epidemia, de 22 de janeiro, dizia que o potencial impacto de um surto de coronavírus era "alto", que a disseminação global do vírus era "provável" e que a importação de casos pela Europa era "moderadamente provável", embora fosse "baixa" a probabilidade de que esses casos importados resultassem em transmissão comunitária (local) do vírus.[18] Lothar Wieler, presidente do Instituto Robert Koch, disse em uma entrevista de 27 de janeiro que o perigo da epidemia era "pequeno", que haveria uns poucos casos em diferentes países e que a chance de que eles se espalhassem era, àquela altura, baixa. Nem a União Europeia nem o Centro Europeu de Prevenção e Controle de Doenças tinham ao menos estatísticas de equipamento médico disponível.[19]

A diplomacia americana, ou a falta dela, no início do ano continuava a tratar da guerra fria com a China, uma disputa a respeito de comércio, tecnologia, ciberguerra e, em embrião, sobre a moeda dominante nas transações internacionais. No mesmo 30 de janeiro em que a OMS lançara o alerta mundial sobre o coronavírus, Wilbur Ross, secretário de Comércio dos Estados Unidos, comentaria as dificuldades chinesas em entrevista à Fox News. Para esse assessor de Trump, a epidemia seria uma espécie de aviso para as empresas. As firmas americanas deveriam repensar sua dependência de fornecedores chineses, e em última análise, levar suas fábricas de volta para os Estados Unidos.

Nos intervalos do conflito chinês, os Estados Unidos lidavam com a Coreia do Norte e com o Irã, seu programa nuclear e suas intervenções na política do Oriente Médio. A questão iraniana fora o grande assunto internacional no início de janeiro, quando os americanos mataram um líder militar do país e houve especulações sobre guerra aberta e de convulsões recessivas no mercado de petróleo.

Uma cegueira institucionalizada e globalizada

A invasão bárbara do vírus dá o que pensar a respeito do estado do sistema político e econômico internacional; do uso que foi feito da técnica e da ciência. Cegueiras institucionais e preferências políticas facilitaram a vida das tropas da Covid-19. Talvez deem trânsito livre a outras doenças caso não sobrevenha uma reforma profunda da cooperação internacional em saúde pública, mas não apenas. Não há barreira natural para o surgimento de outro microrganismo potencialmente tão ou mais destrutivo que o coronavírus. A ideia de cooperação e de tratados pode parecer tediosamente abstrata, ainda mais em um país como o Brasil, isolado, distante e com capacidade cada vez mais limitada de intervenção em assuntos internacionais. Parece, até que se lembre da calamidade do coronavírus.

A interconexão internacional é um fato. É um motivo de base para que o vírus viaje bem e rápido. Mesmo com medidas de contenção sanitária adequadas, a interdependência econômica e o fluxo de viajantes propiciam situações de risco sanitário e, portanto, possíveis interrupções no comércio internacional de bens. Por exemplo, o número de viagens internacionais (chegadas de passageiros) passou de 278 milhões para 1,4 bilhão entre 1970 e 2018, uma multiplicação de 8,5 vezes, segundo a Organização Mundial do Turismo das Nações Unidas. No período, a população mundial aumentou de 3,7 bilhões de pessoas para 7,6 bilhões, pouco mais do que dobrando.

O valor do comércio mundial de bens equivalia a 20% do PIB do planeta em 1970; em 2018, a 46%, mais de um décimo disso apenas na China.[20] Não por acaso, a primeira reação da mídia econômica internacional ao novo coronavírus foi um vozerio insistente sobre o risco de rompimento da rede mundial de fornecedores das empresas (*global supply chains*) e os efeitos dessa ruptura e da recessão chinesa sobre os demais países — os jornalistas também pisávamos os astros distraídos, tanto quanto os governantes. A conversa era sobre um "vírus chinês", uma crise chinesa, que talvez fosse importada como um problema de segunda ordem, embora potencialmente sério. Trancar cidadãos em casa era visto como providência possível apenas nos despotismos asiáticos, dizia-se na mídia ocidental desde 23 de janeiro de 2020, quando os confinamentos começaram na China. Tal coisa jamais seria prática ou legalmente possível no mundo democrático, diziam líderes e publicistas do mundo cada vez menos livre, dado o surgimento de demagogos autoritários.

A globalização aparecia por toda parte, da propaganda econômica às estatísticas, da preocupação com o fluxo comercial e financeiro aos acordos internacionais de regulação de transações e proteção de propriedade. O concerto político internacional desafinava com mais frequência ou tocava outra música desde o começo do século XXI, porém.

Depois de 1989, o início da dissolução dos regimes comunistas do leste europeu e da União Soviética, até 2001, houve rumores de uma nova ordem unipolar, sob o domínio dos Estados Unidos, uma versão extensa da coalizão americana dedicada em parte ao combate da Guerra Fria. A "nova ordem" ficava evidente também pela adesão de antigos inimigos a instituições multilaterais criadas sob o impulso e a hegemonia americanas, tais como o FMI, a Otan e os acordos de livre-comércio, enfim institucionalizados na Organização Mundial do Comércio (OMC, criada em 1995 e que receberia a China em 2001). O G20 foi criado em 1999 para incluir países de relevância político-econômica e regional, mas não ricos, nos debates diplomáticos e nas cúpulas do G7.[21]

Crises diplomáticas, militares, financeiras e transformações econômicas e sociais puseram tal hipótese de nova ordem internacional em xeque. Uma enumeração sumária de tais eventos desagregadores pode listar, por exemplo, a intervenção americana no Kosovo (1999), a restauração do poder da Rússia sob Vladimir Putin (desde 1999), a guerra americana contra o terror (desde 2001), invasão americana do Iraque (2003) e a definitiva afirmação econômica e militar da China. O PIB chinês equivalia a 9% do PIB americano em 1989, 19% em 2001 e 61% em 2018.[22]

Decerto ainda havia, como houvera mesmo durante a Guerra Fria, instâncias de negociação, pactos e acordos de cooperação. Mas decisões unilaterais de fazer a guerra desmoralizaram ainda mais a ONU. Acordos regionais ou bilaterais de comércio começaram a enfraquecer a OMC. A defesa ainda obstinada da soberania (além de falta de financiamento) impediu o fortalecimento de organizações como a OMS. O aumento da desigualdade, a estagnação dos salários e a precarização do emprego no mundo ocidental, agravados pela Grande Recessão iniciada em 2008, contribuíram para uma onda de protestos que percorreu o planeta de 1999 a 2011, pelo menos, movimento também de crítica à globalização, à preponderância da finança mundializada e de empresas e oligopólios transnacionais.

Não se trata aqui de estabelecer relações de causa e efeito direto entre a degradação econômica e a força eleitoral de partidos extremistas, do nacionalismo e da demagogia autoritária em meados dos anos 2010.[23] Mas é fácil perceber que vitórias como a do Brexit e, em particular, de Donald Trump, com seus motivos socioeconômicos e outros, intensificaram os abalos do sistema internacional. O presidente americano golpeou a Otan, o tratado de livre-comércio com seus vizinhos (Nafta) e com o livre-comércio com o Leste Asiático, Oceania e Oeste da América do Sul (Parceria Transpacífica); denunciou o acordo nuclear com o Irã, o acordo do clima; sabota a ONU e atropela regras da Organização Mundial do Comércio (OMC).

Desordem e conflito internacional renovados não causam pandemias. Mas dificultam tratados ou ao menos a coordenação de esforços para conter sua identificação precoce e propagação, para nem mencionar medidas de superação de pobreza extrema e de conservação ambiental que poderiam limitar a emergência de microrganismos perigosos. Se é necessária mais uma evidência anedótica, durante a pandemia Donald Trump rompeu relações com a OMS, que de resto teve de pedir, cheia de dedos solícitos, informações sobre a epidemia na China. A defesa obstinada da soberania nacional, animada pela reemergência de nacionalismos mais ou menos autoritários, tampouco favorece a vigilância sanitária supranacional.

A disputa geopolítica, de resto, não fez terra arrasada dos acordos internacionais e iniciativas emergenciais de cooperação. O G20 foi um fórum de certa medida funcional, embora muito provisório, na contenção da crise financeira iniciada em 2008. Antes da vitória eleitoral de programas de demagogia autoritária ou nacionalista, em 2016, havia algum progresso pelo menos formal na cooperação em assuntos de clima, como o Acordo de Paris (adotado em 2015 e assinado em 2016), um tratado embutido na Convenção-Quadro sobre Mudanças Climáticas de 1994, justamente da ONU, e que tem como objetivo limitar a emissão de gases de efeito estufa. No entanto, além do desconcerto mundial mais recente, há desde sempre pontos cegos nos sistemas internacionais de coordenação. Há óbvias prioridades nos acordos ou na imposição de ordenamentos e vigilâncias, a depender de hierarquias internacionais, de programas de poderes nacionais (eleitos ou não) e de inclinações individuais de lideranças.

O panóptico internacional vigia com agudeza países que desenvolvem armas nucleares, migrantes pobres ou violação de patentes, por exemplo. Enxerga ataques alheios ao livre-comércio ou observa com tolerância que regiões inteiras sejam reduzidas a pó por acusação de patrocínio do terrorismo, juízo sem tribunal. Há cegueira institucionalizada quanto à riqueza que migra para paraísos fiscais mais ou menos disfarçados ou quanto aos monopólios das empresas Big Tech, que escapam virtualmente das leis trabalhistas, criminais e tributárias das jurisdições nacionais. Ficam longe dos olhos os celeiros de doenças nacionais, ainda que possam vir a ter impacto mundializado. A por enquanto imaginária bomba iraniana estava na mira telescópica dos donos do poder mundial justamente no momento de emergência do vírus; os vírus emergentes, não.

Dito em outros termos, por exemplo mais específico, desde 1970 existe um Tratado de Não Proliferação de Armas Nucleares, com um sistema de salvaguardas, a sujeição à vigilância da Agência Internacional de Energia Atômica (AIEA), que verifica a obediência ao acordo por meio de inspeções. Os vereditos da AIEA podem motivar sanções legais e asfixiantes. Por fim, recorde-se que em 2015 foi assinado o Plano Conjunto de Ação Global para dar cabo do caráter militar do programa nuclear do Irã, que assinou este tratado com União Europeia, Estados Unidos, Rússia e China.

Quando o vírus mata um branco

Não parece possível evitar que vírus de porcos, galinhas, camelos, pangolins ou morcegos subitamente se adaptem ao corpo humano, embora imundície sanitária, o apagamento de fronteiras ambientais e o convívio com animais em condições insalubres de criação em massa propiciem o contágio. Menos ainda se pode impedir que se tornem pragas violentas por mutação, embora a evolução de superbactérias conte com a ajuda do uso irracional de antibióticos e seu espalhamento seja facilitado por ideias pós-modernistas, como as campanhas antivacinação. Mas existem meios de conter epidemias e sua disseminação internacional.

É fato também que o tão aparelhado mundo rico reagiu de modo tardio, confuso e inepto à invasão bárbara do vírus. Talvez assim tenha sido por uma humana fadiga de alertas, pois as ameaças da gripe aviária, da gripe suína (H1N1) e dos coronavírus da Sars e da Mers não pareceram tão graves, pelo menos nas estatísticas de quando essas doenças se disseminaram — a Sars matou pouco mais do que oitocentas pessoas. No entanto, estudos posteriores à epidemia sugeriram que a H1N1 tenha feito 200 mil vítimas diretas, indistintas nos números da gripe sazonal e nas contagens precárias de países mais pobres (nos registros da época, os mortos dessa gripe suína teriam sido não mais do que 19 mil). O Ebola (a partir de 2014), por sua vez, seria um "vírus africano" (muito letal, pouco transmissível, logo limitado a selvas distantes).[24]

A *nonchalance* poderia talvez ser um exemplo do que se pode chamar da síndrome de Macfarlane. Depois do sucesso das vacinas contra a pólio, Frank Macfarlane Burnet, virologista e prêmio Nobel, afirmou em 1962 que "escrever sobre doenças infecciosas é quase como escrever sobre algo que ficou na história". O cientista registrou o otimismo no prefácio de seu livro *Natural History of Infectious Disease*, frase famosa que tanto tem reaparecido na torrente de anamneses jornalísticas da epidemia. A síndrome de Macfarlane seria um caso particular do conforto geral e despreocupado dos países que passaram pela transição epidemiológica, um universo em que infecções não estão mais entre as principais causas de morte, inexiste grande mortalidade infantil e os idosos morrem de doenças crônicas.[25] A *nonchalance* seria despreocupação com a desigualdade, em última análise. A escritora e jornalista Robin Henig, que escreveu sobre os vírus emergentes (em *A Dancing Matrix*, em 1993) ouviu de um médico explicação mais sarcástica da política da transição epidemiológica: "Pergunte a um virologista que trabalha em campo o que é uma epidemia na qual vale a pena prestar atenção e ele dirá, com cinismo característico: 'A morte de uma pessoa branca'".[26]

Em geral e de modo abstrato também é possível pensar as dificuldades de coordenação e cooperação como um problema de ação coletiva. Isto é, haveria oferta insuficiente de qualquer bem que possa ser usufruído sem custo e de maneira inesgotável por aqueles que pouco ou nada contribuíram para a sua produção, os "caronas" (a saúde pública seria um bem público global). Ou, então, dizer que há dificuldade de distribuir custos e benefícios da produção desse bem, ainda que exista cooperação geral; porque os elos mais fracos da cadeia põem a perder o esforço geral de contenção do problema (sejam eles epidemias, fuga de impostos por meio de paraísos fiscais, acolhimento de terroristas ou de piratas). Porém, apesar da sabotagem dos nacionalismos autoritários ou demagógicos, sobreviviam tratados de vigilância de armas nucleares ou a tentativa de um Acordo do Clima — a teoria do bem público global seria apenas uma explicação auxiliar, se tanto. Existem preferências de Estados nacionais, influenciadas por escolhas eleitorais também, em última instância.[27]

É possível especular ainda que a reação inepta tenha sido um exemplo típico de falha de governo, pois políticos no poder têm a visão míope de quem tem de prestar contas no ciclo curto das eleições, com menos incentivos para se ocupar do longo prazo. Haverá culpa para o neoliberalismo ou coisa que o valha para a mentalidade que defende o encolhimento da ação do Estado. Além dessas generalidades, multiplicam-se sem parar relatos detalhados de como este ou aquele governo falhou na resposta à Covid-19.[28]

Estas notas estilizadas sobre a história nada natural do vírus não têm pretensão alguma de fazer uma síntese sumaríssima dessas autópsias da desgovernança. Trata-se mais de uma constatação. Existem recursos técnicos, científicos, econômicos e institucionais bastantes ao menos para que se contenham ou atenuem surtos dos vírus ditos emergentes. Ainda que um objetivo mais quimérico, é possível limitar esses criadouros de doenças, que são a miséria endêmica, o meio ambiente em destruição e os sistemas intensivos de produção de alimentos que não contam com controle tecnológico e sanitário adequado.

A cooperação sanitária internacional, o pacto verde de reforma socioeconômica (*green deals*) e os acordos internacionais de que dependem iniciativas de tributação mais justa (sobre os mais ricos e empresas transnacionais) são itens dos programas políticos e da futurologia do mundo pós-pandêmico. São por enquanto limitados tanto em fundamento político quanto em escopo. Que forças sociais e políticas podem abrir espaço para a cooperação ambiental e sanitária e seu financiamento?

Além do mais, se a preocupação emergente com pandemias e o risco catastrófico de descaso com esses assuntos ficaram enfim evidentes, há outras frentes de contenção internacional de danos. Por que não tratar do risco emergente da economia das plataformas que tende a mundializar sem limite a precarização do trabalho, a extinção de empregos e a automação excludente? Por que não tratar do risco de que paraísos tributários disfarçados e a guerra fiscal internacional, as reduções de impostos com o objetivo de manter ou atrair empresas, asfixiem Estados que estarão agora ainda mais endividados? Não se trata de desmerecer uma utopia menos irrealista, a verde-sanitária, porque faltam militantes para causas mais quixotescas, como o combate à automação excludente, a tributação internacional da renda e da riqueza ou esquema de efeito similar. Mas até janeiro de 2020, a catástrofe do vírus era também quimérica. Um plano de reconstrução verde tem de lidar com o fato de Estados falidos, ruína econômica duradoura e precarização do trabalho.

Apresentou-se outra oportunidade de pensar o impensável. Mas não é óbvio que os riscos de mundialização de doenças e de desastres climáticos venham a ser considerados emergências como o foram os colapsos financeiros de 2008 e 2012. Tais ameaças talvez não mereçam tanta atenção quanto o choque econômico do vírus em 2020. É possível que sejam encaradas de um ponto de vista nacional ou nacionalista. Ou seja, é menos crível que essas crises no horizonte sejam enfrentadas de modo cooperativo em um mundo em que as maiores economias ou os maiores países são quase todos governados por nacionalismos demagógicos ("populistas") ou autoritários de natureza mais ou menos crônica ou grave — assim é nos Estados Unidos, na China, na Índia, no Brasil e na Rússia; em que a democracia social mais avançada e seu projeto de integração supranacional estão em risco de recessão, como na Europa do Brexit, da tecnocracia olímpica que a governa e das ameaças de ascensão de partidos parafascistas ou autoritários em geral. Menos provável ainda se tal movimento não contar com a ressurreição de partidos progressistas ou adeptos de uma ordem internacional liberal, além de coalizões políticas transnacionais, abaixo e acima de governos. Tudo soa como abstração inviável, fantasia utópica, até que se pense em algum modo de evitar que desastres como distopia viral se repitam e sejam remediados.

2.
Quem paga a conta da epidemia

Tudo que sabemos sobre o insustentável é que não pode continuar para sempre (lei de Stein). O corolário de Dornbusch é: mas vai durar mais tempo do que se pensava possível e vai terminar quando menos se espera.

Willem Buiter e Catherine Mann[1]

Palavras não pagam dívidas, mas uma história bem contada, e também a própria história, podem anestesiar ansiedades nos mercados de dinheiro. Assim os credores não se enervam diante de amontoamentos de débitos e não debandam, reação que costuma deixar os devedores à míngua ou em ruína. Assim tem sido a reação dopada dos donos do dinheiro grosso no mundo rico da década de 2010 e mesmo no Brasil de pouco crédito, que há seis anos escala sem parar picos de endividamento. A fim de controlar esse comportamento temerário, no início de 2015 houve uma contravolta na receita de política econômica do governo federal, quando começava o segundo mandato da presidente Dilma Rousseff. Um dos principais objetivos declarados dessa reorientação abrupta era conter o aumento da dívida pública, que a muitos parecia crescer perigosamente e beirava os 57% do PIB. O programa prossegue desde então, atravessa um terceiro governo e em 2016 foi em parte inscrito na Constituição, que proíbe o aumento real de despesas do governo federal até pelo menos 2026. Não importa agora o motivo, tal medicação não fez efeito quanto ao tamanho da dívida, embora o doente não tenha morrido de abandono pelos credores. Em dezembro de 2016, quando o teto passou a vigorar, a dívida pública era de 70% do PIB. Em fins de 2019, chegou perto de 78% do PIB. Ao fim deste 2020 de calamidade do vírus, será equivalente a 98% do PIB, segundo a previsão do Ministério da Economia de Jair Bolsonaro.

De acordo com a sabedoria convencional e nem sempre equivocada, o temor de algum tipo de inadimplência cresce com o aumento da dívida, se manifesta na restrição de empréstimos para o cliente suspeito e se mede por uma alta da taxa de juros. Mas a taxa média que os credores exigem para financiar o governo brasileiro cai pelo menos desde meados de 2017 e flutua em níveis historicamente baixos desde meados de 2019.[2]

Não existe relação direta ou de outro modo simples entre endividamento e taxas de juros. Um observador da história recente diria, por exemplo, que a taxa de juros nas economias centrais do mundo tem sido quase sempre próxima de zero desde 2008, o que tende a reduzir as taxas exigidas para o financiamento do governo aqui também (pois a alternativa de uso para o dinheiro, o mercado externo, rende menos também). Seja como for, parece plausível a hipótese de que uma boa história ou a própria história, da política ou da economia, possam colocar os credores para dormir um sono menos intranquilo.

É razoável argumentar que o excesso de endividamento de 2020 foi inevitável e não destoou sobremaneira daquele dos governos do mundo inteiro, que todos agiram com o objetivo de conter os danos da epidemia.[3] O aumento rápido e em dimensão inédita de despesa dos governos e a ação extraordinária dos Bancos Centrais foram justificados como um seguro social improvisado, como um auxílio fundamental para o sucesso mínimo das providências de manutenção da saúde pública e como medidas incontornáveis de política econômica de emergência. Não havia alternativa que pudesse evitar a eliminação desnecessária e contraproducente de empregos e empresas ou penúrias mortais. Ainda assim, o endividamento terá ultrapassado um patamar que era considerado incapacitante por alguns economistas até um par ou dois de anos atrás, nível que degradaria a capacidade da economia de crescer. Em pouco mais de seis anos, a dívida pública brasileira terá crescido sem parar e dobrado de tamanho relativo — isto é, em relação ao tamanho da economia, do PIB. Mas os credores não passaram a ter aversão crescente ao governo: não passaram a exigir taxas de juros cada vez maiores para financiar déficits e refinanciar juros e débitos vencidos. Importa perguntar se tal situação pode perdurar e em quais termos.

Certos economistas diriam que a calmaria relativa em relação ao tamanho da dívida brasileira deveu-se até aqui à confiança em regras claras e firmes de política econômica. Haveria também expectativa de cumprimento de promessas de mudanças percebidas como favoráveis ao ambiente de negócios, poucas delas cumpridas, como a desregulamentação do mercado de trabalho, e outras sob suspeita, no entanto, como a de não cobrar mais impostos. Não é uma explicação, de qualquer modo. "Há confiança porque há regras e promessas confiáveis" é uma tautologia, a não ser que as características do que é "confiável" sejam estáveis, definíveis de modo objetivo e satisfaçam de modo mensurável a meta prometida. Não tem sido o caso recente.

Os adeptos do modelo macroeconômico vigente no Brasil pelo menos desde 2016 acreditam que a limitação constitucional do gasto público tem evitado a alta das taxas de juros que o governo paga para se financiar ou tem contribuído de modo decisivo para tal resultado; a redução paulatina dos subsídios embutidos em taxas de juros de bancos estatais (como as do BNDES) teriam também seu papel. Segundo tal argumento, em algum momento, a contenção da despesa (o teto de gastos) e o aumento da receita, decorrente da volta do crescimento da economia (do PIB), limitariam também os déficits e, por fim, também o crescimento da dívida pública. No entanto, desde a adoção deste modelo, os déficits diminuíram pouco, o PIB ainda é menor do que em 2014 e a dívida continuou a crescer. Além do mais, o limite de gastos, o chamado "teto", pode cair em menos de uma semana caso o Congresso decida alterar a Constituição para derrubá-lo, se for necessário, se é que mais esta regra fiscal não será paulatinamente desmoralizada ou aposentada por gambiarras estendidas por arreglos políticos de conveniência maior ou menor.

Seja como for, se a interpretação dos defensores do "teto" para a calmaria nas taxas de juros tem algo de verdade, esta explicação depende em última instância de algum tipo de crença na persistência de um arranjo que é político e, portanto, sujeito também às inconstâncias do conflito social, do desempenho da economia nacional e mundial e até do pensamento econômico. Não se quer dizer que qualquer arranjo seja possível ou permita bons resultados econômicos, mas que esses acordos ou pactos têm cláusulas tácitas de tolerância (o crescimento da dívida, como se viu, não foi até agora motivo de rompimento do pacto, com a fuga dos credores) ou dependem de contexto econômico. Está implícita, pois, a possibilidade de que possam ser reescritos até na pedra da lei que os credores parecem exigir.

O endividamento alto e ainda sem limite, as pressões socioeconômicas decorrentes do colapso provocado pela epidemia, a redescoberta de possibilidades de intervenção estatal (boas ou más, não importa) e a reação à vida sob o vírus incentivam a inovação social e intelectual e a substituição de arranjos que tenham ficado caros demais e, talvez, impagáveis nos seus termos atuais. Dado o custo socioeconômico crescente do presente arranjo e a mudança recente das percepções sociais sobre o gasto público, talvez seja necessário um novo acordo sobre a dívida. Tal acerto também depende de um novo entendimento de como a economia brasileira pode crescer e criar empregos. Nos anos 1930 e nos 1990, por exemplo, o país acabou por inventar soluções inconvencionais para sair de grandes crises (os efeitos da Grande Depressão e do colapso do café; a hiperinflação, respectivamente). Não se trata de uma lei da história nacional nem de acreditar em um caráter fundamentalmente excepcional das relações econômicas e sociais do Brasil; não se quer dizer que aquelas foram soluções ótimas ou sem efeitos colaterais. Mas são inspirações ou exemplos de pragmatismo experimental, que de resto não são raros na história e na geografia das economias de mercado, basta observar a diversidade de desenvolvimentos e arranjos econômicos presentes mesmo nas economias avançadas, chame-se tal coisa de "variedades de capitalismo", "políticas nacionais de desenvolvimento" ou coisa que o valha.

Um acordo da dívida com nós mesmos

Do início dos anos 1980 até o começo deste século, um Brasil e seu governo, incapazes de pagar contas e dívidas externas, recorreram com frequência ao Fundo Monetário Internacional a fim de pedir empréstimos em moeda forte e, não raro, reestruturar dívidas, um eufemismo para calotes limitados. Além da mui mal disfarçada moratória da dívida externa nos anos finais da ditadura militar e daquela declarada com orgulho temerário em 1987 (governo José Sarney), o governo do Brasil reestruturou a dívida interna em 1986 (sob Sarney) e em 1990 (governo Fernando Collor). Teve grandes dificuldades de refinanciar suas dívidas mesmo no mercado doméstico em 1998 (ano final do primeiro governo FHC), 2001 (FHC 2) e 2002 (FHC, no pânico prévio à eleição de Lula da Silva).

No caso da renegociação da dívida externa, os pedidos de perdão eram aceitos sob a condição de penitências extras, basicamente promessas de contenção de gasto público e, para variar, "reformas", alinhavadas nos "acordos da dívida" externa, que jamais foram cumpridos nos termos acertados. No caso das dificuldades com a dívida interna, com promessas de controle do déficit público, por vezes reforçadas por meio da criação de regras legais de limitação do gasto excessivo, que em alguma medida acabaram desmoralizadas.

Uma reestruturação da dívida pública, hoje em dia quase toda doméstica (devida a residentes no Brasil), equivaleria a um suicídio nacional, com prioridade fúnebre para os mais pobres. Mas a ideia de acordo da dívida tem lá sua serventia: seria o caso de obter um crédito extra para lidar com uma situação excepcional que, no fim das contas e sem solução, pode resultar em colapso daninho para todas as partes. Afinal, devemos para nós mesmos. Ou, melhor, estamos separados pelo casamento da dívida, assim como "estamos todos juntos" na epidemia (uns em casa, outros na rua e tantos não estão mais). Todos nós, por meio do governo, devemos para os cidadãos remediados e mais ricos, que podem ser precisamente nós mesmos que estamos lendo estas linhas, pois muita gente não sabe que é credora da República Federativa do Brasil.

Ainda assim, seria um acordo essencialmente nacional, em vários sentidos da palavra "nação". Apesar de exigir compromissos de mudanças extensas e profundas, não trataria apenas da dívida, mas de um pacto implícito sobre planos de gasto público, seus beneficiários principais, a redistribuição do peso dos impostos e sobre o crescimento econômico. No que diz respeito à despesa e à dívida públicas, as cláusulas básicas do acordo devem estabelecer que: 1) ainda que limitada por algum critério de contenção de médio prazo, a despesa será diferente e orientada pela necessidade de elevar o investimento e o emprego e de garantir rendas mínimas; 2) o financiamento da despesa terá de ser diferente; a conta a ser paga terá de ser redistribuída dos que têm menos para os que têm mais; 3)

É possível um aumento restrito da dívida, por um tempo pré-determinado, a fim de reativar o crescimento da economia.

Dito desta maneira, parece uma ingenuidade simplória. A mudança relevante implica, porém, um rápido remanejamento de despesas e redistribuição do peso dos impostos de dimensão muito maior que a contenção de gastos que talvez advenha da reforma da Previdência até 2026 (1,4%, na previsão oficial), mudança que causou o confronto longo e sabido. O arranjo implica tanto aumentos de impostos quanto cortes de despesas. Depende também de um entendimento de que uma condição necessária da retomada do crescimento duradouro são reformas econômicas, sociais e redistributivas extensas, uma composição coerente do que hoje aparecem no debate como propostas de direita/neoliberais/fiscalista e de esquerda/heterodoxas/desenvolvimentistas. Desde os anos 1980, jamais houve tal acordo, com exceção talvez de uma versão improvisada, ineficiente, instável e insustentável nos primeiros anos do governo Lula da Silva. Os demais impasses resultaram na hiperinflação (até meados os anos 1990, Plano Real) e, daí em diante, em uma estabilização econômica por meio de endividamento em parte controlado por agressivo aumento da carga tributária (até inícios do governo Lula). Desde 2012, resultaram em aumento sem limite da dívida e em estagnação econômica.

No entanto, existem exemplos de intersecção de ideias de grupos que estiveram em lados opostos das trincheiras de rupturas amargas ou até armadas na política. O plano de estabilização da economia que Celso Furtado desenhou para João Goulart, entre 1962 e 1963, embora jamais adotado, era similar ao projeto de Roberto Campos e Octávio de Bulhões para o início da ditadura militar, sob Castelo Branco. Exemplo menor, a ideia do teto de gastos adotado em 2016 pelos liberais de Michel Temer havia sido proposta pelo ministro da Fazenda de esquerda do final do governo Dilma Rousseff. Algumas bruxas são inacreditáveis, mas existem.

Um acordo seria uma tentativa de solução da guerra civil por outros meios em que tende a se transformar de vez o país sob o arranjo de política macroeconômica em vigor nos últimos quatro ou cinco anos, graças ao acirramento que a crise do vírus deve provocar (mais dívida, mais desemprego, mais pobreza, mais disputa por fundos públicos escassos). Se parece exagero, basta olhar os sinais que foram postos nas ruas faz um tempo, tempo de crise menor do que o atual: a recusa obstinada e militante de pagar mais impostos (caso do movimento do Pato da Fiesp), a greve dos caminhoneiros (que arrancaram do governo um subsídio para suas perdas de renda e empregos), as pressões de militares, policiais, procuradores e juízes para manter ou elevar seus rendimentos, as manifestações de universitários contra cortes de verbas federais, a socialização federal do calote de governos estaduais ou o desabamento da infraestrutura pública como um viaduto. Por outro lado, o do avesso, o alívio proporcionado pelos auxílios emergenciais revelou a dimensão e a variedade da penúria de rendimentos e precariedade do serviço público de identificação e atendimento dos mais pobres. Como o socorro é provisório e a crise socioeconômica será longa, sua suspensão criará uma demanda agora reposta em outro nível político, pois houve o aprendizado de que parece possível criar um seguro social desconhecido e até então tido como inviável de todo, as rendas mínimas universais.

Pode mesmo não acontecer nada mais, exceto sofrimento e morte na quietude durante a longa estagnação. De acordo com as presentes expectativas econômicas, a renda (PIB) per capita voltará ao nível de 2014 apenas em 2028. De alguma maneira, a depender de a quem caberá a conta, haverá uma crise desta dívida de quase 100% do PIB e que ainda estará por estas alturas em 2026 caso não sobrevenha um rearranjo extenso da economia e do setor público brasileiros — 2026 é o ano da primeira revisão do teto de gastos, segundo a Constituição.

Aritmética da dívida

Mesmo entre economistas-padrão, ditos "ortodoxos" ou do "mainstream", existe grande controvérsia sobre o nível em que a dívida pública se torna um empecilho ao crescimento econômico ou eleva o risco de que um governo perca crédito de modo relevante (medido por taxas de juros cada vez mais altas, grosso modo). Mas esse patamar existe, a depender de cada país e de sua estrutura e perspectivas econômicas.[4] É fácil perceber a amplitude dos limites em casos caricatos, como o do governo do Japão, com a dívida pública mais alta do mundo, confiança total dos poupadores de seu país e taxas de juros abaixo de zero, e o da Argentina, que na prática não pode se financiar a não ser em dólar, a um custo alto e frequentemente impagável. Entre esses extremos, as possibilidades são complexas e variáveis. Desde a explosão de endividamento das economias do mundo rico na Grande Recessão que começou em 2008, ideias convencionais sobre limites claros de dívida foram desmoralizadas na teoria e na prática.

Existe menos dúvida sobre o risco de haver problemas de custo e financiamento quando a dívida aumenta de modo persistente, em particular quando uma economia não está em recessão ou estagnada. Há um indicador menos controverso de risco, mais objetivo e de consequências práticas mais imediatas: o custo do serviço da dívida. Isto é, qual a taxa de juros média que um governo paga para financiar déficits e refinanciar débitos que vencem, que pode fazer com que a remuneração de uma dívida alta se torne impagável em caso de aumento de seu custo. Em geral, exceto em situações catastróficas (guerras e hiperinflações), governos não liquidam, dão fim, a suas dívidas, mas as refinanciam a perder de vista, se possível.

Se essa taxa de juros é menor que a do crescimento da economia, o tamanho relativo da dívida diminui (desde que a despesa não ultrapasse a receita: desde que o governo não faça novas dívidas). O que importa é o tamanho relativo da dívida, o que se chama de relação dívida/PIB. A relação dívida/PIB, como parece óbvio, é uma fração, uma proporção: o valor da soma de todas as dívidas do governo dividido pelo valor do PIB anual de um país. Parece também óbvio que, quanto menor a dívida/PIB, em tese menor a dificuldade de um governo extrair mais recursos da produção econômica a fim de pagar o serviço de sua dívida.

Caso o crescimento do PIB não seja suficiente para a contenção do endividamento, a proporção dívida/PIB teria de parecer estável em um nível compatível com ajustes fiscais politicamente viáveis. Ou seja, a razão dívida/PIB não pode ser tão grande a ponto que o pagamento de juros exija superávits primários impraticáveis (ou seja, uma combinação de cortes de despesas e de aumento de impostos bastantes para pagar a conta de juros, remédio que pode causar perturbações sociais, políticas e econômicas graves). Uma combinação de despesas em alta, baixo crescimento e altas taxas de juros tende a provocar uma alta do custo de financiamento do governo ou também fuga da moeda ou de capitais (evidente na desvalorização da moeda, "alta do dólar"). Em uma economia de crescimento volátil (altas e baixas significativas e frequentes do PIB) ou sujeita a outros choques (variações súbitas e frequentes de juros), o nível aceitável de dívida tende a ser menor.

Em particular, se a dívida de um governo é, digamos, de cinquenta dinheiros e se a economia produz bens e serviços no valor de cem dinheiros por ano (isto é, o PIB anual é de cem dinheiros), a relação dívida/PIB é de 50% nesse determinado ano. Suponha-se que esse governo gaste exatamente o que arrecada, desconsiderada a despesa com os juros da sua dívida. Ou seja, seu déficit primário (que exclui a conta de juros) é zero. No entanto, o governo tem ainda um déficit, chamado de "nominal": sua receita não basta para pagar a conta de juros. Suponha-se também que a taxa de juros sobre a dívida do governo seja de 10% ao ano. Logo, o governo tem de pagar cinco dinheiros de juros a seus credores naquele determinado ano. Como ainda tem bom crédito, suponha-se de modo otimista, o governo toma emprestado mais cinco dinheiros e assim paga seus credores (para simplificar, não há dívida antiga vencendo neste ano). Portanto, a dívida aumentou para 55 dinheiros. Imagine-se ainda que aquele fosse também um bom ano para a economia: o PIB cresceu 10%, passou para 110 dinheiros. Assim, a relação dívida/PIB ficou estável: 55/110 ainda dá 50%. Em geral, se a taxa de juros da dívida pública é igual à do crescimento da economia, a dívida é estabilizada. Grosso modo, esse exemplo meramente didático lembra um pouco os grandes números da situação brasileira de 2011.

É evidente também que, se o crescimento da economia é maior do que a taxa de juros sobre os débitos, a relação dívida/PIB diminui. Vice-versa, a dívida aumenta, "tudo mais constante". Isto é, se nada mais na aritmética da dívida se alterar. Mas se altera. Para começar, pode ser que o governo não tenha um orçamento equilibrado (em termos primários: isto é, receitas iguais a despesas como benefícios sociais, salários, custeio da máquina e investimento; excluem-se desta conta os gastos com juros, ressalte-se). O governo federal do Brasil teve superávits primários entre 1997 e 2013, embora alguns diminutos, como nos anos de governo do presidente Fernando Henrique Cardoso (1995-2002). Desde 2014, último ano do primeiro mandato de Dilma Rousseff, tem déficits primários. Para que a dívida não aumentasse, seria preciso que o PIB crescesse para compensar a conta anual de juros e também a dívida extra decorrente dos déficits primários anuais. Como é sabido, nada disso ocorreu.

Para retomar o exemplo, digamos que o PIB tivesse ficado estagnado, que a economia não tivesse crescido 10%, tendo produzido bens e serviços no mesmo valor de cem dinheiros do ano anterior. A taxa de juros seria então maior do que o crescimento do PIB. A dívida cresceria para 55% do PIB (55/100) caso o governo não tomasse providência alguma. Mas, em vez de fazer nova dívida (aqueles cinco dinheiros da conta de juros que pretendia refinanciar, "rolar"), o governo poderia economizar, cortar suas despesas, também em cinco dinheiros. Faria o que se chama de superávit primário (gastar menos do que arrecada). Como a carga tributária (toda a receita de impostos) era, digamos, de 35 dinheiros, a despesa naquele ano de estagnação seria então reduzida a apenas trinta dinheiros, o limite de gasto para que sobrasse o bastante para pagar a conta de juros e evitar um aumento da dívida — tal corte seria uma brutalidade politicamente inviável, na realidade. O governo poderia também aumentar a carga tributária, de 35 dinheiros para quarenta dinheiros. A aritmética seria a mesma — apenas a aritmética, não a política nem os efeitos econômicos de cada decisão.

É preciso lembrar que cortes de despesas ou aumento de impostos têm outros efeitos econômicos, imediatos e no futuro. Além do provável choque recessivo a curto prazo, esses ajustes fiscais podem alterar a capacidade do governo de prestar serviços, de intervir na economia e de redistribuir renda (além de talvez alterar a própria distribuição de renda, isto é, o rendimento do trabalho e do capital, salários e lucros, no mercado). Podem alterar decisões de consumo (ou poupança, claro) e de investimento de famílias e empresas. Talvez provoquem danos como aumento da ineficiência econômica e piora da infraestrutura de serviços públicos ou inviabilizem certos empreendimentos (por excesso de impostos).

A aritmética rudimentar da dívida que se viu aqui introduz uma versão simples, mas fundamental, do que os economistas chamam de "equação da dinâmica da dívida". Isto é, o crescimento da dívida pública depende da taxa de juros, descontada a taxa do crescimento da economia, e do saldo das contas do governo (se houve equilíbrio, superávit ou déficit). Para simplificar, deixam-se aqui de lado outros fatores de incremento/redução da dívida, como vendas de patrimônio ou variações devidas à flutuação da taxa de câmbio. É possível desdobrar e rearranjar os termos dessa equação a fim de especular sobre outras possibilidades de contenção da dívida e até sobre a aceleração do crescimento da economia. Por exemplo, para alguns economistas, a maioria deles chamada de "heterodoxa", um aumento adequado de certo tipo de gasto do governo (um certo aumento do déficit), como o investimento em obras ou benefícios sociais, produziria um crescimento adicional da economia e, pois, da receita do governo suficientes para compensar o endividamento extra, por exemplo.

Em resumo, as opções práticas de redução da dívida, da proporção dívida/PIB, foram historicamente as seguintes, para seguir a lista sumária da economista Carmen Reinhart: I) Crescimento da economia; II) ajuste fiscal: uma combinação qualquer de aumento de impostos e corte de despesas; III) algum tipo de inadimplência: um calote explícito, parcial ou não, ou a postergação do pagamento do principal e dos juros; IV) alta inesperada da inflação; V) repressão financeira: medidas que procuram manipular taxas de juros de modo a mantê-las baixas e ainda assim obter empréstimos dos credores — em última instância, trata-se de uma tributação disfarçada.

As alternativas não são mutuamente excludentes. A inflação e a repressão financeira, porém, podem limitar apenas o tamanho de dívidas em moeda nacional, de resto. As enormes dívidas públicas do pós-Segunda Guerra Mundial foram reduzidas por meio de inflação, repressão financeira e crescimento econômico, tanto em países ricos, Estados Unidos inclusive, como nos hoje chamados emergentes, Brasil inclusive, como escrevem e descrevem Reinhart e M. Belen Sbrancia em um estudo sobre o destino das dívidas desde o início do século XX.[5]

Ressuscitar o crescimento em economias em recessões profundas depende também do destino que se dê à dívida dos governos, qualquer que seja a estratégia. O destino das dívidas, por sua vez, depende também do ritmo de crescimento econômico, como se viu. A tentativa de acelerar o ritmo de crescimento do PIB é uma tarefa pelo menos ingrata, como se pode notar na história de fracassos brasileiros dos últimos quarenta anos.

O governo deve para quem?

Existem várias maneiras de calcular o tamanho da dívida pública. Para a maior parte dos objetivos deste ensaio e de efeitos práticos, tais como a reação dos credores e o custo de financiamento, trata-se aqui do que as estatísticas oficiais classificam como "dívida bruta do governo geral" (DBGG). Em dezembro de 2019, antes da crise da epidemia, a DBGG era de 75,8% do PIB. Em maio, de 81,9% do PIB. Por que "bruta"? Porque deste passivo não são descontados os ativos do governo, como por exemplo as reservas internacionais (valores "guardados" pelo Banco Central em moeda forte, na maior parte em dólar, para o caso de dificuldades de pagamentos externos e como meio preventivo ou ativo de estabilização da taxa de câmbio). Quando se descontam esses haveres, trata-se de dívida líquida. Há também polêmica sobre o cálculo mais adequado do tamanho da dívida bruta ou sobre a dívida líquida ser medição mais acertada, discussão que vai além dos limites deste texto breve, porém.

Como se sabe, o PIB, o Produto Interno Bruto, é uma medida do valor da produção de bens e serviços para consumo final (pães, carros, máquinas, casas, estradas, mísseis, cortes de cabelo, serviços de comerciantes, bancos, motoristas, professores, médicos, advogados, de fornecimento de água ou energia etc.). Considerado de uma outra perspectiva, grosso modo, o PIB também é o valor total da remuneração do trabalho e do capital. Em maio de 2020, o PIB anual do Brasil era estimado em R$ 7,29 trilhões. A dívida bruta, pois, era de R$ 5,93 trilhões.

A DBGG é quase toda do governo central (governo federal e Banco Central). Apenas 6,5% do seu total estava na conta de estados e municípios. Cerca de 6,7% é dívida externa (deve ser paga em alguma moeda forte, em geral o dólar). Apenas 3,7% da dívida é constituída de empréstimos bancários. Quase todos os empréstimos são tomados por meio da venda de títulos públicos ou equivalentes, na maior parte os mesmos que podem ser comprados por qualquer cidadã remediada no Tesouro Direto. Um título público é uma promessa de pagamento futuro; um direito a um fluxo de dinheiro que pode ser negociado no mercado. O governo vende essa promessa de pagamento (o título público). Em geral, vende por um valor menor do que aquele que promete pagar no futuro.[6] Essa diferença é a taxa de juros.

Quem compra tais títulos constitui, portanto, a grande maioria dos credores do governo. No caso do governo central, há estatísticas genéricas sobre os detentores da dívida pública na forma de títulos e equivalentes (cerca de 90% do total do endividamento, da DBGG). Do total da dívida do governo federal em títulos, 25,8% está com bancos (estatais inclusive), corretoras e distribuidoras de valores. Entidades e fundos de previdência privada têm 24,9%. Não residentes no país, 9,1%. Seguradoras, 3,9%. O próprio governo federal, por causa da aplicação dos recursos de fundos paraestatais como o FGTS e o FAT, tem 4% de sua dívida. Outros detentores, inclusive pessoas físicas, ficam com 5,5% do total. Os fundos de investimento em que remediados e ricos aplicam suas reservas financeiras têm 25,8% do valor da dívida pública. Observe-se que bancos, fundos de previdência e seguradoras, por exemplo, têm também dinheiro aplicado em fundos, mas, nesta classificação, o valor de seus títulos é contado na categoria própria deles.[7]

Nas estatísticas, não há mais detalhes sobre os credores. Não sabemos quem detém quanto do dinheiro nos fundos de investimento, mas os investidores são empresas e indivíduos. Quase 70% do patrimônio somado dos fundos de investimento (como os de renda fixa, de previdência e multimercado) está aplicado em títulos públicos federais ou equivalentes.[8] Ou seja, quase qualquer um que ponha dinheiro nesses fundos será credor indireto do governo, frequentemente com participação irrisória, mas com rendimentos que dependem da garantia de pagamento e da taxa de juros dos títulos públicos. As seguradoras mantêm em títulos públicos boa parte de suas reservas, das quais retiram os valores para pagamentos a seus segurados, assim como as instituições de previdência privada. Mesmo o valor dos títulos classificado na conta dos bancos não é todo ele própria ou exatamente "dinheiro dos banqueiros" (ou de acionistas em geral dos bancos), mas contraparte de passivos das instituições financeiras (tais como os valores que os bancos devem devolver a depositantes, os saques de contas correntes, por exemplo).

Dado que a desigualdade de patrimônio costuma ser maior que a desigualdade de rendimentos,[9] é razoável especular que a maior parte da dívida pública é devida à minoria mais rica da população. Apenas para ter uma base de comparação, os 10% mais ricos recebiam pelo menos 43% do total dos rendimentos em 2019, segundo dados da pesquisa Pnad Contínua Mensal do IBGE. O patrimônio é mais concentrado, mas a pesquisa de medição dessa desigualdade é ainda incipiente. Com base em dados das declarações para o imposto de renda, Marcelo Medeiros e Fábio Ávila de Castro estimaram que o 1% mais rico ficou com três quartos de todas as rendas de aplicações financeiras em 2012.[10]

Nunca é demais ressaltar a diferença entre patrimônio (ou riqueza, um estoque de bens reais ou de poupança financeira acumulados) e rendimento (um fluxo, pagamentos em geral e mais ou menos periódicos como salários, juros, lucros, dividendos, alugueis ou benefícios sociais, por exemplo, além de ganhos de capital).

Há uma complicação inevitável aqui. As estatísticas do Tesouro Nacional não classificam os detentores de parcela relevante da dívida federal: a dívida do Banco Central (BC). Trata-se de R$ 1,3 trilhão, o equivalente em maio de 2020 a 22% da dívida pública (DBGG), na verdade empréstimos garantidos por títulos do governo federal, em geral de curtíssimo prazo (menos de um mês). Denominadas tecnicamente de "operações compromissadas", em tese ou diretamente não são operações de financiamento do governo.[11] Sabe-se por meio de uma estatística privada[12] que mais de 68% das "compromissadas" estão em fundos de investimento, mas não na conta de que categoria de detentor.

Em resumo, a dívida do governo é devida quase toda a residentes no país, na maior parte por intermédio de instituições do sistema financeiro e administradoras de poupança financeira (por exemplo os fundos, na maioria geridos por bancos). Os credores são a minoria mais rica, o grosso dela provavelmente sendo bem menos que 10% da população. Seus interesses financeiros e, não raro, políticos são representados pelos gestores desses recursos, parte daquilo que popularmente se chama de "o mercado".

Por "interesse financeiro" entenda-se a demanda de que o empréstimo para o governo seja considerado compensador em termos de remuneração (taxa de juros), de risco (de calote ou outra apropriação indevida) e de liquidez (possibilidade de "desaplicar" ou "sacar" o investimento com rapidez e em uma transação de baixo custo ou risco de perda). Por "interesse político" entenda-se a defesa de um arranjo de política econômica que dê segurança aos interesses financeiros.

De onde vem a dívida

Alguns traços da vida brasileira podem ser desenhados por certas estatísticas aberrantes do país. O Brasil está perto do topo das tabelas internacionais de desigualdade de rendimentos, de taxas de homicídios, de taxas de juros, de prevalência de mortos no trânsito, de taxa de encarceramento, de fragmentação partidária, de má qualidade da educação (dado o nível de renda) ou de despesas previdenciárias (dada a demografia). No debate dos excessos econômicos nacionais, o tamanho relativo da dívida pública brasileira também aparece como uma aberração.

Em 2019, o Brasil aparecia em terceiro lugar na lista dos mais endividados de 38 países ditos emergentes, na classificação do Fundo Monetário Internacional,[13] ou seja, países de renda ou nível de desenvolvimento econômico similar. No critério do FMI, diferente do critério das autoridades econômicas brasileiras, o governo geral aparecia com uma dívida de 91,6% do PIB. A média dos emergentes era então de 53,8%. Caso se juntem à lista também os governos mais ricos, mais capazes de se endividar, a DBGG do Brasil estaria em 13º lugar de 73 países. Mesmo na conta do critério brasileiro de dívida bruta, aliás mais razoável, o Brasil estaria ainda entre os primeiros vinte colocados.

No passado recente, no último quarto de século, o Brasil não apareceu sempre tão mal nas tabelas. A dívida/PIB era a 111ª do mundo em 1994. Uma década depois, a 54ª. Esteve entre as vinte que mais cresceram nesse intervalo.[14] Essa foi também a década de estabilização da moeda, que começou no Plano Real (1994) e se completou apenas no primeiro biênio do governo Lula da Silva (2003-4). A dívida cresceu porque o plano de estabilização recorreu a taxas de juros extraordinariamente altas e endividamento externo (nos anos FHC). O segundo momento de crescimento extraordinário da dívida, em termos também mundiais, começou no início de 2014, último ano do primeiro governo de Dilma Rousseff, e perdura até agora. A dívida brasileira é agora a 16ª maior do mundo.

Os aumentos extraordinários da dívida estão associados a conflitos de grande extensão e intensidade, como o conflito distributivo que estava na base da hiperinflação e foi contornado ou apaziguado por um plano heterodoxo (o Real). O conflito político que começa em 2013, com choques ou conturbações anuais desde então, e que está associado à segunda onda recente de endividamento extraordinário, é também uma disputa sem solução que redunda em aumento de despesas (nem houve cortes de gastos, no fim das contas, nem houve mais impostos).

Como vimos, quando a conta de juros é igual ao crescimento da economia, do PIB, a relação dívida/PIB permanece estável. Mas a dívida pode crescer menos se o governo pagar parte dos juros devidos. Isto é, se sobrar algum dinheiro: se o gasto for menor do que a receita (quando há superávit primário). A dívida pode crescer mais se, além de refinanciar todos os juros devidos, o governo gastar mais do que arrecada (quando há déficit primário). Em geral, a conta de juros cresce mais do que o PIB no Brasil. Desde 2014, o governo federal tem déficits também primários. Para piorar, o tamanho do PIB no final de 2019 ainda era 3% menor que no final de 2014. Ao final de 2020, deve ser 10% menor.

A fim de conter o aumento descontrolado da dívida, de 1995 a 2002 o governo abateu parte menor dos débitos por meio da venda de patrimônio (privatização). A carga tributária passou de 26% do PIB para 32% do PIB. Desde então, o peso dos impostos tem flutuado em torno de 32,5% do PIB. Apenas parte dessa receita destina-se ao governo federal, em média 56% do total, neste século. Embora a relação impostos/PIB tenha ficado mais ou menos estável desde 2002, o PIB teve anos de bom crescimento de 2004 a 2013. Assim, o tamanho absoluto da receita cresceu com a economia, reforçado pela formalização de empresas e empregos e por rendimentos relativos ao preço de commodities.

De 1997 a 2019, a despesa federal cresceu 194% em termos reais (depois de descontada a inflação). Desse aumento, quase 62% foi destinado a pagar a alta das despesas com benefícios previdenciários e assistenciais (previdência, seguro-desemprego, abono salarial, benefícios para idosos e deficientes muito pobres, o BPC, e Bolsa Família). Outros 18% foram para o aumento das despesas com servidores civis e militares (salários, benefícios e aposentadorias). Depois de 2014, a despesa ainda cresceu pouco mais de 4%, mesmo tendo sido declarado um programa de ajuste fiscal a partir de 2015. A despesa per capita (por pessoa) ficou praticamente estável desde então. Não houve cortes, embora a composição da despesa tenda a continuar mudando. Mesmo com a reforma de 2019, a despesa com a Previdência continuará a aumentar além da inflação (o teto constitucional de gastos proíbe que a despesa total cresça além da inflação), a contenção de salários de servidores ainda depende de alteração da Constituição. Cada vez menos dinheiro será destinado a investimentos e pesquisa científica. Ainda assim, o cumprimento do limite constitucional de gastos tende a se tornar inviável em termos orçamentários, sociais ou políticos a partir de 2022.[15]

Em 2019, 59,6% das despesas federais destinavam-se a benefícios previdenciários e assistenciais, 25,3% a gastos com servidores (aposentadorias inclusive) e 4,2% a investimentos (obras de infraestrutura, equipamentos etc.): é cerca de 89% do total. Todo o restante das atividades de governo, como despesas em materiais de saúde, educação, pesquisa, cultura ou custeio da máquina pública em geral, ficaria com 11% (mas o governo gastou 7% mais do que sua receita disponível, o equivalente a 1,3% do PIB de déficit primário). Um lembrete final, sobre "gastos com políticos": a despesa com os Poderes Judiciário e Legislativo federais, e com o Ministério Público da União, era pouco mais de 3% da despesa federal total em 2019. Ainda que fossem extintos o Congresso e a Justiça, haveria déficit.

Estimava-se que em meados de 2020 o déficit primário seria de cerca de 11% do PIB, dadas as despesas extraordinárias com auxílios emergenciais, complementos de salário, auxílio a estados e municípios e gastos extras com saúde. Estimava-se que a receita cairia para algo próximo de apenas 16% do PIB (por adiamento de impostos e baixo crescimento da economia). O gasto seria então cerca de 60% maior do que a receita.

Para onde vai a dívida

Como se recorda, a receita para conter a relação dívida/PIB restringe-se a cortes de gastos, aumento de receita por meio de impostos, crescimento da economia, repressão financeira e inflação.

Reduções relevantes de despesas dependem de cortes nas maiores rubricas de gastos (benefícios previdenciários e assistenciais, salários e aposentadorias de servidores, no caso do gasto dos governos de todos os níveis no Brasil). Além de reduções nas despesas de custeio (da operação do governo), o corte maior tem ocorrido nos investimentos, que declinaram de 0,7% do PIB em 2014, já muito baixos, para cerca de metade disso em 2019,[16] no caso do governo federal. Somados, os investimentos federais, estaduais e municipais eram de 2,4% do PIB em 2014. Também caíram à metade. Ou seja, as despesas em transporte, novos hospitais, universidades, instalações de pesquisa e outras obras públicas foram reduzidas para dar lugar a despesas correntes, o que diminui a capacidade de crescimento da economia e a oferta ou a qualidade de serviços sociais básicos.

A alternativa fiscal ao corte de gastos (ou seu complemento) é o aumento de impostos. Há grande controvérsia teórica e na pesquisa histórica sobre o efeito do nível de impostos sobre o potencial de crescimento da economia; há também polêmica acirrada sobre o melhor método de ajuste (se mais impostos ou menos gastos). Não cabe aqui nem ao menos uma apresentação sumária dos argumentos desse debate, embora caiba observar que: 1) é menos polêmico que a qualidade e a distribuição socioeconômica do peso dos impostos possam influenciar muito negativamente a eficiência da economia e a distribuição de renda; 2) houve casos em que o aumento rápido da carga tributária para níveis elevados não impediu o crescimento acelerado da economia, caso de Europa e Estados Unidos do pós-guerra até os anos 1980, embora a experiência não seja generalizável sem mais.[17]

A disputa a respeito de quem se beneficia do gasto público e de impostos menores ou é prejudicado por cortes de gastos ou aumento de impostos é, grosso modo, o que se chama de conflito distributivo entre grupos sociais e econômicos. A divisão de perdas e ganhos é motivo de conflito ou tensão permanentes. Qualquer critério de tributação é determinado por esse conflito, por ideias econômicas, por ideias do que devem ser política e sociedade e pelo contexto econômico mundial. A resultante desses vetores, porém, sempre terá consequências econômicas de impacto maior ou menor. O impasse sobre como distribuir o pagamento das contas públicas foi um motivo determinante da opção pelo financiamento do governo via inflação, uma espécie de imposto implícito, e da hiperinflação dos anos 1980 a meados de 1990 no Brasil.

O conflito distributivo pode se manifestar de modo mais sutil do que uma disputa direta entre grupos sociais. Por exemplo, suponha-se que o gasto público deva aumentar de algum modo a fim de atenuar problemas sociais e reativar o crescimento econômico na economia abalada pela epidemia. A balança da despesa pode pender mais para transferências (como programas de renda básica), de maior interesse político-eleitoral imediato, ou para investimento em obras e pesquisa científica, por exemplo. Diferentes preferências terão efeitos diferentes no crescimento a curto e a longo prazo (isto é, respectivamente, afetam o ciclo econômico, a recuperação de uma recessão, por exemplo, ou a estrutura econômica, o que altera o potencial de crescimento por um período mais longo). O efeito multiplicador de cada despesa no crescimento do PIB é variável.

O multiplicador é a medida do efeito que uma alteração voluntária ("discricionária") do gasto público provoca no crescimento da economia, do PIB. Há imensa controvérsia sobre a medição e sobre as medidas do multiplicador em geral e, em particular, sobre o problema de o multiplicador depender do momento do ciclo econômico (crescimento, estagnação ou recessão), da estrutura econômica de cada região considerada ou do tipo de despesa, para mencionar apenas alguns tópicos de debate.

Se cada real adicional de despesa extra do governo causar um crescimento do PIB maior que um real, a ponto de compensar o endividamento extra e o custo dos juros da dívida no mesmo período, a dívida/PIB pode se estabilizar ou cair. Em especial em momentos de recessão profunda ou de estagnação prolongada, consumidores, empresas, bancos e o mercado de capitais podem se tornar incapazes de reativar a economia ou avessos a fazê-lo (por desemprego, para fazer poupança por precaução, por contar com excesso de capacidade produtiva, por temer a baixa rentabilidade do investimento ou, em geral, por incerteza). Em suma, não gastam. Em particular no Brasil depois de 2014, o investimento jamais esteve perto de se recuperar, um motivo direto fundamental da estagnação econômica. A fim de que a economia "pegue no tranco", como um carro sem bateria, por assim dizer, seria necessário que um agente autônomo com capacidade de gastar ou de se endividar reativasse a economia estagnada, "religasse o motor" com um empurrão, que seria a despesa extra do governo. Pelo menos nessas situações de retração entrincheirada do gasto privado, a despesa do governo seria autofinanciável, argumentam os adeptos de tal política. É uma tese com frequência adotada por economistas mais à esquerda, mas não apenas, e mais geralmente aceita em momentos de recessão grave, a depender do crédito do governo e de sua capacidade de investir de modo eficaz.

De 2017 a 2019, o crescimento do PIB per capita no Brasil foi de 0,4% ao ano (ante a média de 1,9% ao ano de 1995 a 2014). Depois da recessão de 2014-6, o consumo se recuperou timidamente (alta de 2%), mas o investimento em expansão da capacidade econômica (formação bruta de capital fixo) não: ao final de 2019, ainda era cerca de 20% menor do que em 2014. O investimento público adicional poderia ter sido um modo de elevar investimentos em geral (por meio de mais gasto público e, assim, também por indução de mais investimento privado), se feito de modo eficiente e dirigido aos alvos certos, segundo os adeptos da solução do "multiplicador".

Além de autofinanciável, esse gasto extra do governo, na hipótese otimista dos multiplicadores, teria a capacidade de elevar a capacidade produtiva de tal modo que não haveria excesso de consumo e, pois, inflação, do que há escassa evidência, na prática. Caso a despesa extra do governo não se mostre capaz de conter dívida ou elevar a produção (ou exista a expectativa de tais fracassos), haverá inflação ou também alta de juros. É possível argumentar que a despesa extra de um governo já muito endividado provoque, por exemplo, um efeito colateral negativo como uma alta das taxas de juros ou, mais imediatamente, fuga de capitais e rápida desvalorização da moeda, o que anularia o benefício do gasto público extra, deixando como resultado apenas mais dívida e pouco ou nenhum crescimento do PIB.

Em reação à crise iniciada em 2007-8 e à Grande Recessão que se seguiu, Bancos Centrais de países ricos passaram a financiar de modo mais ou menos indireto também seus governos (além de grandes participantes dos mercados financeiros), digamos, de modo simplificado. As taxas de juros nominais (sem descontar a inflação) de curto prazo foram a zero (ou ficaram negativas, se considerada a inflação) — são essas as taxas que os Bancos Centrais influenciam diretamente, em suas decisões e ações de política monetária periódicas, em tempos normais. Os Bancos Centrais passaram então a comprar títulos públicos de prazo mais longo e adotar outras orientações de política com o fim declarado de reduzir as taxas de juros (quando se compram tais títulos, seu preço sobe, sua taxa de rendimento cai); as taxas de juros de títulos públicos de qualquer prazo são o piso e a referência dos mercados de crédito e capitais em geral. Os BCs se tornaram grandes credores de seus governos e reduziram seus custos de financiamento em qualquer prazo. O setor privado não podia ou não queria comprar dívida do governo na quantidade e ao preço (taxa de juros) suficiente para financiá-los. O colapso econômico causado pela pandemia levou os BCs a retomar e a reproduzir tais programas de modo ampliado. Tornaram-se os detentores dominantes da dívida pública nos países mais ricos da OCDE, contando com 16% do total dos títulos públicos nos Estados Unidos e até 47%, no caso do Japão, ao final do primeiro semestre de 2020.[18]

De onde vem o dinheiro dos Bancos Centrais? Do nada. Os BCs criam moeda como se fez a luz no caos primordial: "fiat". Hoje em dia por meio de um registro eletrônico, declaram que passa a existir tal capacidade de pagamento na conta de um governo e registram tais criações em seus balanços. O fato de que essa grande expansão monetária não tenha causado inflação no mundo rico provocou algum rebuliço no debate prático e teórico de política econômica. De interesse imediato para esta discussão, observe-se que haveria pelo menos duas condições para que tal expansão monetária não elevasse a expectativa de inflação ou provocasse um aumento da dívida pública por outros meios: 1) a taxa básica de juros de curto prazo, como a Selic no Brasil, tem de estar próxima de zero ou quase isso; 2) deve haver confiança de que, assim que houver sinal de inflação relevante, o Banco Central elevará a taxa de juros a fim de controlá-la.[19] O leitor interessado na operação do Banco Central e seus efeitos na dívida pública pode ler a nota II.

A taxa básica de juros no Brasil estava em sua mínima histórica em meados de 2020, mas ainda acima de zero em termos nominais (ou perto de zero em termos reais: descontada a inflação). As taxas de cinco anos ou mais eram altas e subiram depois do início da paralisação da economia, em março de 2020. Dado o nível de risco (percepção que os credores têm quanto à solvência do governo), a taxa de juros mais alta é um indício de que os credores ou potenciais credores acreditam que: 1) a taxa básica de juros subirá no futuro; 2) têm alternativa melhor para o uso de seu dinheiro, caso o governo não aceite pagar aquela taxa para se financiar (como ativos reais, ações, dólar). A ver, sempre um risco, embora a prova do pudim seja comê-lo.

Mesmo entre economistas-padrão, do dito mainstream, e para alguns financistas, seria remota a perspectiva de aumento de inflação em uma economia em recessão profunda e com uma ociosidade (medida apenas pelo PIB aqui) que, ao fim de 2020, seria de 10% em relação a 2014. Portanto, não seria impossível que a Selic fosse a zero ou perto disso, o que abriria também a possibilidade de o Banco Central comprar títulos do Tesouro e tomar outras medidas a fim de baixar as taxas de longo prazo também, o que está desde 2020 autorizado a fazer em períodos de calamidade pública (pela Constituição, em outros momentos o BC é proibido de financiar o governo). Isto é, não seria impossível dado um certo nível de risco. Caso aumente a percepção do risco de sua insolvência (de algum tipo de inadimplência), o governo terá de pagar taxas de juros ainda maiores nos seus títulos de prazo mais longo, o que acaba por provocar algum tipo de calote. Caso opte por se financiar apenas a curto prazo, aumenta o "risco de rolagem": com frequência, haverá grandes volumes de dívida vencendo, o que se pode tornar inviável, em uma crise qualquer. O receio de tal acontecimento (risco) tende a desvalorizar a moeda, por exemplo (o dólar ficar mais caro) de modo talvez abrupto.

Como se viu, uma taxa de juro menor que a do crescimento da economia reduz a dívida/PIB de um governo. A redução da taxa de juros de curto prazo, talvez a zero, pode ser um instrumento viável de contenção da dívida pública brasileira até que a economia volte a crescer e reanime a inflação, o que pode levar uns dois anos ou mais. Seria uma contribuição relevante para conter a dívida e estimular o crescimento de curto prazo, mas provisória, desde que sejam satisfeitas ao menos algumas condições convencionais de contenção das taxas de juros (baixa expectativa de inflação, solvência do governo, crescimento da economia) ou se inventem maneiras de controle atualmente tidas como heterodoxas: repressão financeira. De qualquer modo, não é possível esperar que a taxa básica de juros da economia seja permanentemente menor que a do crescimento da economia (em última análise, isso tende a ocorrer apenas quando a rentabilidade do capital e o crescimento do PIB são baixos).

Repressão financeira envolve, em última instância, algum método de tabelamento ou limitação da taxa de juros em um nível, claro, inferior ao das taxas de mercado. Os métodos são muito diversificados, dependem da estrutura financeira e econômica de cada país e, depois da liberalização financeira internacional iniciada nos anos 1980, são de implementação mais difícil (o capital tem mais caminhos para fugir das regulamentações).[20] Entre as possibilidades menos anacrônicas, estariam a criação de sistemas de poupança forçada com juros tabelados e baixos (como foi o caso dos recursos depositados no FGTS), de bancos e agências estatais de financiamento, a obrigação de que bancos depositem parte de seus recursos emprestáveis em contas do Banco Central, sem remuneração (depósitos compulsórios). O objetivo geral é criar uma clientela fixa ou domada para os títulos da dívida do governo, em geral por meio de alguma manipulação ou controle de taxas de juros por toda a economia. Parece exótico, mas regulamentações como estas existiram na economia americana dos anos 1930 aos anos 1980. Tais regulamentações tendem a criar ineficiências (tentativas de burlá-las), talvez provoquem crises de confiança e fugas de capital. Dado o aumento quase universal do endividamento público, é possível que medidas de repressão financeira ou inovações destinadas a limitar as taxas de juros se tornem ubíquas, o que facilitaria sua adoção mesmo em países com menos crédito, como o Brasil. Em última análise, a repressão financeira é um meio disfarçado de tributação (se um governo paga juros abaixo daqueles de mercado, extrai rendimento do setor privado). Pode ser em parte substituída por um imposto sobre indivíduos mais ricos, que detêm a maior parte da dívida pública. Um imposto sobre operações financeiras tende apenas a elevar o custo do crédito para o tomador final, empresas e indivíduos.

Para onde vai o crescimento

A questão do multiplicador nos leva de volta a uma das maneiras de conter o crescimento da dívida pública: crescimento econômico. Não cabe neste texto nem mesmo uma discussão sumária de fatores do crescimento, mas apenas breves observações que indiquem de modo estilizado que o problema brasileiro em particular não é trivial, digamos.

O Brasil empobreceu de modo quase inédito nos anos de 2014 a 2019. O PIB per capita é a produção ou, grosso modo, a renda de um país dividida pelo tamanho da população, medida mais informativa de nível material de vida que o mero PIB. O PIB per capita do Brasil de 2019 era ainda 7,4% menor que em 2013, ano anterior ao do início do período de recessão-estagnação que perdurava até este ano de 2020. Equivalia ao PIB per capita de 2010, mas em uma situação agora muito mais degradada de emprego e de distribuição de renda. Apenas nos sete anos até 1992 houvera um período de degradação tão grande de PIB per capita, pelo menos desde quando há registro oficial dessa estatística, a partir de 1901.

O crescimento de períodos muito diferentes da história econômica não é comparável sem maiores cuidados. Um país mais pobre, com maior peso relativo de população em idade de trabalhar, na transição de uma economia rural para industrial e que se aproveita de avanços tecnológicos já testados em países avançados pode crescer muito mais rapidamente. Ainda assim, o crescimento setenal de 1908 até 2014 foi em média de 17,5%. No período que se pode chamar de "contemporâneo", do início da estabilização da moeda, em 1995, até 2014, o crescimento setenal per capita foi de 11,6%. O período contemporâneo não havia sido brilhante, de qualquer modo, embora o crescimento per capita do Brasil fosse ligeiramente melhor do que na já rica União Europeia, de resto abalada pela crise mundial que começou em 2008. Nesse período, o país crescera a um terço do ritmo dos países de renda média, como o nosso, um grupo alavancado pelo crescimento da China, e praticamente na média do ritmo mundial. Desde 2014, porém, o Brasil se tornou uma aberração. A velha Europa e o mundo na média cresceram em torno de 11%. O Brasil, como se sabe, regrediu mais de 7%.

O centro de uma das explicações do colapso recente do crescimento é a baixa produtividade da economia brasileira. A produtividade do trabalho (o PIB dividido pelo número de trabalhadores ou horas trabalhadas, grosso modo) é baixa e a estrutura econômica em geral (instituições de governo e regulamentações de mercado) é ineficiente. Em particular nos últimos anos de crescimento, principalmente a partir de 2009, houve investimentos improdutivos devido a uma política econômica equivocada. Isto é, o governo fez, subsidiou ou induziu investimentos (despesa de capital) em empresas inviáveis, de baixa eficiência ou que produziram excesso de capacidade, que ficou ociosa. A estrutura econômica, além do mais, é um empecilho ao funcionamento de uma economia de mercado eficaz. Por economia de mercado entenda-se um sistema de seleção de empresas mais eficientes. Essa tecnologia social opera bem quando preços mais ou menos livres orientam as decisões de consumo e investimento; quando não há distorções de custos como impostos que favoreçam este ou aquele setor ou empresa; em geral, quando há incentivos para o aumento da produtividade. Tal sistema depende de concorrência entre firmas, externa inclusive, e de estabilidade econômica. Em resumo, mas não por último, depende de regulamentações que garantam direitos de propriedade e que o retorno do investimento não seja apropriado pelo Estado.

Há diversos arranjos para esses pilares da economia de mercado, muito diferentes nos Estados Unidos, na Europa Ocidental, no Japão ou, mais recentemente, nos últimos quinze anos, também na China. Da direita à esquerda, ou qualquer que seja o espectro que defina as opiniões, poucos economistas vão discordar que existem empecilhos relevantes ao funcionamento do mercado no Brasil, embora as ênfases de cada avaliação variem. Uma divergência maior, extremada na última década, diz respeito à capacidade de o governo acelerar o crescimento por meio de investimento ou de gasto público em geral. Há desacordo ainda sobre a competência estatal de corrigir falhas de mercado ou de oferecer alternativa a outras incapacidades privadas de realizar investimentos necessários. Muito divisivo é o tema da distribuição adequada da renda (a remuneração de trabalho e capital): o Estado deveria garantir organização trabalhista forte e rendimentos mínimos?

Para os críticos do Estado, há cerca de uma década, ao menos, teria sido demonstrado que no Brasil a ação do governo: 1) é desviada, capturada, por grupos de interesse que se beneficiam de favores (impostos especiais, subsídios em geral, proteção contra a concorrência, corrupção), em vez de orientada pela promoção do investimento mais eficiente e pela proteção do interesse social geral; 2) é ora muito limitada pelo tamanho da dívida pública, em suma, pela restrição de gastar mais; 3) é de baixa capacidade técnica, o que seria visível por exemplo na quantidade de obras paradas mais por falta de projetos e execução de qualidade do que por falta de recursos.

Desde 2015, tenta se implementar ou se implementa um programa de reformas com o objetivo declarado de aprimorar a economia de mercado no Brasil e de limitar a dívida pública, controle de endividamento que estabilizaria as condições econômicas (isto é, reduziria a inflação a nível baixo e estável, assim como as taxas de juros, o que tornaria possível um crescimento mais duradouro e sem oscilações prejudiciais). Como se viu nestas páginas, o resultado tem sido mais do que decepcionante. Os adeptos de tal programa alegam que: 1) as reformas foram insuficientes ou lentas, dados os interesses entrincheirados do antigo regime de favores e, em geral, as dificuldades derivadas de qualquer conflito distributivo; 2) o crescimento foi prejudicado ainda por choques políticos ou similares, de fato quase contínuos faz sete anos (Junho de 2013, eleição politicamente extremada de 2014, choque da contravolta programática de 2015 e início do movimento de deposição de Dilma Rousseff, impeachment em 2016, escândalos de corrupção envolvendo Michel Temer e interrupção de reformas em 2017, greve dos caminhoneiros e outra eleição extremada em 2018, incertezas sobre a condução do novo governo em 2019, para citar alguns embates maiores).

Seja lá qual for a validade ou o alcance de tais argumentos para explicar o efeito até agora mínimo de reformas sobre o desempenho da economia, eles expõem um problema que parece abstrato, exógeno ou independente da questão econômica: os choques sociopolíticos. Os adeptos de tal exposição de motivos não costumam se debruçar sobre as causas da recorrência e da radicalização desses conflitos que minam pelo menos os esforços reformistas. No entanto, a não ser que se imponha de modo violento um programa ou um déspota esclarecido, onisciente e benevolente, acima das divisões políticas sociais, se encarregue de implementar este ou qualquer processo de reformas, as mudanças dependerão de alguma negociação das condições sociais e econômicas em que se podem fazer reformas, qualquer que seja o teor delas. "[A] experiência da década passada indica que atingir rapidamente um ritmo de crescimento [do PIB] mais alto, por meio de reformas estruturais, pode ser difícil sem apoio monetário e fiscal" (isto é, sem taxas de juros menores e gastos maiores), lê-se no relatório da OCDE sobre a crise econômica da pandemia e as perspectivas de crescimento mundial, de junho de 2020.

Epílogo do crescimento

O choque socioeconômico provocado pela pandemia e a reflexão social e intelectual sobre seus efeitos e possibilidades de mudança reabriram as porteiras do debate sobre maneiras de conter a dívida e impulsionar o crescimento. A tragédia da pandemia abriu uma brecha nas ideias dominantes a respeito do que se pode fazer em matéria de política econômica. A fratura ficou exposta em mais um aumento excepcional das despesas dos governos e no modo extraordinário de financiar tal excesso de gastos. As dívidas cresceram em escala e velocidade raras na história, mas o debate de alternativas para sua contenção e a retomada do crescimento parecem tomar rumo diferente do que se viu depois da Grande Recessão iniciada em 2008, vide as ideias de "pacto verde" (*green deal*) de reestruturação da produção e do consumo, de reorientar o crescimento por indução do Estado (como os planos da União Europeia) e a recusa em adotar de imediato ajustes fiscais.

Nas percepções sociais e políticas, a abertura dessa janela difunde a ideia de que a fronteira do inimaginável é flexível, pois pode ser redefinida em uma situação dita de emergência ou de catástrofe. Se o limite do impossível pode ser atravessado, se existe uma oportunidade para providências antes tidas como desmedidas ou absolutamente inviáveis, abre-se o debate sobre uma distinção incômoda entre o que seria a miséria da vida corriqueira, que se pressupunha em alguma medida irremediável dentro dos limites habituais, e a privação decorrente da calamidade, que se estima agora em alguma medida remediável, neste tempo do vírus. Ainda que limitado pelas características de um país mais pobre, atrasado e ameaçado por rachaduras sociais e políticas ruinosas, tal debate chega às praias do Brasil, por contágio, aprendizado e necessidade objetiva.

O mau resultado dos anos em que se adotaram políticas ditas de austeridade levantou dúvidas teóricas, práticas e políticas sobre quão viáveis serão tais políticas fiscal e econômica. Tem havido recorrente desmoralização de parte ou do todo, prática ou política, das regras fiscais, as leis que têm como objetivo a contenção de déficit e dívida do governo (Lei de Responsabilidade Fiscal, "regra de ouro", o teto de gastos). Como se ainda fosse necessário, é mais um indício de que faltam a essas regras fundamentos realistas (crescimento econômico; arranjos ou condições sociais e políticas para controlar a despesa ou elevar receitas).

O teto de despesas federais, inscrito na Constituição em 2016, deve ser definitivamente testado até 2022. Caso não desabe até lá, será mantido apenas mediante corte abrupto e importante de salários de servidores e de despesas sociais (o chamado "gatilho") ou também com a redução a zero do investimento público e do congelamento de reajustes reais do salário mínimo. Tal solução, se viável sob os aspectos político e financeiro, seria além do mais provisória, pois despesas obrigatórias continuarão a crescer. Além disso, deixa intocados problemas como a ineficiência do gasto social, a escassez extrema do investimento e a iniquidade da despesa pública.

Para que tenha sucesso, tal programa fiscal exigirá uma contenção de despesas de algo entre 3% e 4% do PIB (equivalente a toda despesa federal com servidores), o que pode redundar apenas em um conflito contraproducente, novas rodadas dos choques políticos evidentes no país desde 2013. De resto e ainda assim, mantidas as premissas do governo e dos adeptos do seu programa, a dívida flutuaria em torno de 96% do PIB até 2026. Embora pareça evidência ou sinal de confiança de que um nível de endividamento muito maior não tenha reduzido as expectativas de crescimento de economistas do setor privado e do governo de Jair Bolsonaro, convém observar que um aumento qualquer e inesperado das taxas de juros elevará o custo da dívida de maneira social, econômica ou politicamente insustentável.

É provável que a propensão privada a investir (em aumento da capacidade produtiva) seja de início menor ou igual à que se verificou nos anos seguintes à recessão de 2014-6, pois há capacidade ociosa ainda maior. Isto é, caso os longos anos de recessão e estagnação não estejam tornando obsoletas as capacidades de trabalhadores e do estoque de capital instalado (o que os economistas chamam de "histerese"). Além do mais, há indícios de que a crise esteja a incentivar redirecionamentos das economias avançadas, por meio de investimento público ou outra indução de origem estatal, com aceleração de mudanças de padrão tecnológico ou de exigências de padrões ambientais e sociais mínimos, o que tende a ter impactos também na economia brasileira. De um modo ou de outro, haveria problemas no Brasil devidos à limitação do investimento.

Não parece plausível que se possa lidar de modo pacífico e civilizado com tais transformações, seja no imaginário socioeconômico, seja na base da produção, sem reformas profundas do funcionamento da economia e do Estado, qualquer que seja a cor ideológica da receita. Não se trata de indicar algum "caminho do meio" ou de conciliação, sem mais, dos programas propostos para a economia, embora o plano devesse combinar de modo também tecnicamente coerente as maiores ambições reformistas dos projetos ora em disputa (hoje um debate apenas conceitual, se tanto). Ou seja: reforma da economia de mercado; aumento de gasto eficiente e como restrição orçamentária em prazo e momento viáveis; grande remanejamento de despesas e receitas, redistribuição do destino e do tamanho da carga fiscal, sob a perspectiva da equidade e da eficiência da alocação de recursos produtivos, capital e trabalho; experimentação estudada, prudente e incremental na política macroeconômica — pois as ditas evidências disponíveis não parecem delimitar, de antemão e de modo claro, as possibilidades e condições de intervenção.

Para enfatizar, não é possível imaginar mudanças que ignorem as seguintes diretrizes:

1) mudar a composição atual do gasto, que ora achata as despesas que podem aumentar a eficiência da economia (como investimento e pesquisa). Trata-se de despesas previdenciárias e com os servidores;

2) mudar a composição da despesa de modo a dirigi-la a reduzir desigualdades, em benefício de crianças, trabalhadores em idade ativa e educação, assim como a composição da receita (aumento de impostos sobre mais ricos);

3) mudar as regras fiscais de modo a permitir um aumento imediato do investimento, regulado de modo capaz talvez por uma nova autoridade fiscal independente, e fundamentá-las em normas realistas quanto ao crescimento da economia, da receita de impostos, dos gastos necessários para a atenuação do conflito sociopolítico; de qualquer modo, seriam regras que ainda teriam em algum horizonte visível a restrição orçamentária do governo. Para ser claro, tais mudanças exigem a reformulação da regra do limite de gastos ora inscrita na constituição;

4) considerar tais mudanças sob a perspectiva de uma direção desejável do crescimento da economia: como e o que o país vai produzir e distribuir? É possível que uma economia de mercado mais funcional torne possível a aceleração do crescimento, mas seu destino é incerto e as histórias de desenvolvimento conhecidas dependeram de interações entre iniciativas privadas e estatais, em geral experimentais, pragmáticas, tentativas e de resultado muita vez aleatório. Não há evidência histórica de laissez-faire.

A sugestão de tal acordo ou encontro de planos é, nestes termos, abstrata e, pois, irrealista. O programa político do atual governo do Brasil define-se por ser refratário a qualquer acordo — dedica-se ao confronto. Além do governo, qualquer que seja, a mediação social e política de um novo arranjo de reforma não parece visível, dada a desarticulação de forças políticas (sejam partidos ou outras) e os interesses sociais e econômicos que devem se constituir para que sobrevenha algum pacto relevante. Seja como for, a ideia de que um rearranjo nacional é necessário talvez possa ser um meio de cutucar o imobilismo político.

3.
O vírus do fim do trabalho

Em fevereiro deste ano, expressamos nossa convicção de que a cura dos males sociais não pode ser obtida apenas por meio da repressão dos excessos dos social-democratas, mas requer também a promoção positiva do bem-estar dos trabalhadores.

Kaiser Guilherme II da Alemanha,
17 de novembro de 1881[1]

Home office, *street workers* e invisíveis

"Fica em casa, se cuida. Saio daqui para a Baroneza", dizia um paulistano bem de vida a um funcionário de supermercado caro da cidade de São Paulo, enquanto a filha enchia o carrinho de congelados. Era março de 2020, pouco antes do início dos confinamentos. Fugiria para um condomínio de casas de campo de muito ricos no interior de São Paulo. Contava ao funcionário, pardo ou da cor mediana aproximada dos brasileiros, que trabalharia em *home office* rural. Fugia da cidade como os ricos do bando feliz fugiam da peste na Florença do *Decameron* de Giovanni Boccaccio ou como os londrinos bem de vida de 1665 do diário da peste de Daniel Defoe.

Dois meses depois, sabia-se que o clichê do *home office*, o teletrabalho feito de casa, uma conversa típica dos tempos de epidemia, era um lugar comum para apenas 13% dos trabalhadores do país que ainda podiam manter os empregos em suas residências.[2] Por essa mesma época, os *street workers* empregados por meio das plataformas de serviços de entrega protestavam na avenida Paulista, na região central da cidade de São Paulo. Cantavam "Vem pra rua, vem, o aplicativo não tá pagando bem" ou "Não tem entrega, não, a nossa vida vale mais do que o patrão". Em julho, fariam uma primeira greve nacional e ainda tentavam se organizar em associações que pudessem funcionar como sindicatos, uma vez que esses trabalhadores são invisíveis para a lei trabalhista. Antes da calamidade do vírus, a categoria dos motoristas e entregadores de plataforma contava 5,5 milhões de pessoas, quase todos homens, três de quatro deles negros ou pardos,[3] e era quase equivalente aos 6 milhões de trabalhadores domésticos do país. Domésticos ou *home workers*, por assim dizer, e os *street workers* dos serviços de entrega ou motorista somavam quase 13% das pessoas ocupadas no Brasil de 2019.

Outros invisíveis apareceram quando houve a oferta dos auxílios emergenciais do governo federal, um número incerto, mas superior a 5 milhões de pessoas que não estavam registradas no Cadastro Único dos candidatos a benefícios assistenciais para a pobreza ou para a miséria, não tinham contas bancárias ou documento fiscal. Não eram imigrantes irregulares do mundo rico, mas poderiam também ser chamados de "indocumentados" dentro das próprias fronteiras do seu país.

Durante a epidemia, o Brasil fez um curso intensivo, ainda que muita vez à distância, sobre as condições de trabalho no país e de algumas características da pobreza. Houve algum aprendizado social, representação midiática mais evidente e debate mais intenso de políticas públicas e da política a respeito de problemas que envolvem a maior parte dos trabalhadores. A depender da perspectiva de classe, do nível de renda ou outro contexto de interesse, houve mais atenção para o teletrabalho com base doméstica (*home office*); notou-se quão grande é o número de trabalhadores desamparados, que vivem em torno da linha da pobreza (em geral na informalidade e atendidos agora pelos auxílios emergenciais, muitos antes "invisíveis");

houve mais atenção para o trabalho contratado por meio de plataformas digitais (uberizados em geral); para aqueles mais expostos ao vírus porque trabalham para manter o funcionamento mínimo da sociedade (limpeza e serviços industriais de utilidade pública, como água e energia, transporte, segurança, saúde ou produção e distribuição de alimentos e remédios, por exemplo); para a estabilidade de renda e do emprego de servidores públicos. Houve bem menos reflexão pública e debate político sobre como tratar do problema agravado do trabalho.

Na eventual saída da recessão da pandemia, é provável que tenhamos de lidar com um universo de trabalho em transformação crítica ou estrutural. É possível que inovações suscitadas pela crise ou impostas pela competição elevem os níveis de automação pelo menos em setores tecnicamente mais avançados ou sujeitos à concorrência externa (setores de bens "comercializáveis", os que podem ser exportados ou importados). É provável que exista desemprego de longa duração e degradação das habilidades dos trabalhadores, um incentivo ao subemprego, um motivo de desalento ou de desistência do mundo do trabalho. É plausível estimar que uma possível recuperação ocorra por meio da precarização crônica do trabalho (informal ou sujeito às imposições das plataformas, uberizado) e de ocupação mais extensa de mão de obra barata em setores de bens "não comercializáveis" (como construção civil, por exemplo). Ainda que a oferta de mão de obra abundante e barata possa ser em certos casos um desincentivo a substituição de trabalho por capital, a baixa qualificação dos trabalhadores, conjugada a imperativos da concorrência externa, podem induzir a adoção de tecnologias que limitem a criação de empregos.

O problema do desemprego crônico e do trabalho precário acabou subsumido no debate público sobre programas de renda básica, mínima ou universal. No caso dos planos do governo federal, a discussão de um plano de garantia de renda mínima e do desemprego foi integrada em projetos vagos de desregulamentação de uma nova fase da reforma trabalhista e em planos de mudança tributária. O alcance demográfico e social dos auxílios emergenciais, sua relevância política e eleitoral e seu papel de esteio da economia durante a epidemia e em uma possível retomada da atividade pareciam então ter predominado sobre a questão do trabalho e do desemprego.

Os auxílios emergenciais no valor de R$ 600 ou, em casos especiais, de R$ 1200 chegaram ou poderiam chegar a 63,5 milhões de pessoas (chamadas de "elegíveis", autorizadas a receber o benefício), o equivalente a cerca de 40% da população maior de dezoito anos. Na média, o auxílio emergencial compensou quase integralmente as perdas de renda do trabalho na crise econômica da epidemia. No trimestre encerrado em maio de 2020, a renda domiciliar chegou a 95% dos rendimentos habitualmente recebidos, o equivalente de resto à renda de maio de 2019.[4] A complementação foi maior entre os domicílios de renda mais baixa (informais, mais pobres e com instrução que não chega ao ensino médio completo). Antes da calamidade, o Bolsa Família chegava a 19% dos domicílios; os auxílios emergenciais, a pelo menos 42%. Esses benefícios, ainda que transitórios, reduziram a pobreza durante a epidemia; foram responsáveis por 55% da renda do um terço mais pobre do país.[5]

A despesa de cinco meses com tais benefícios equivale a cerca de um quinto de toda a receita líquida do governo federal ou a 3,7% do PIB. Equivalia a mais de nove vezes o gasto anual com o programa Bolsa Família, que pagava em média R$ 191 por mês por família, antes do estado de calamidade, em março de 2020, e que custava menos de 0,5% do PIB por ano. A prorrogação dos auxílios emergenciais por doze meses implicaria uma despesa de 8,8% do PIB, cerca de 47% de toda a receita líquida do governo federal. Entre um retorno sem mais ao Bolsa Família e um obviamente inviável auxílio emergencial permanente, nos moldes atuais, debate-se um programa de renda básica alternativo.

Até meados de 2020, o interesse de associar a discussão da renda básica a um programa de emprego era notável ou mais visível apenas nos planos do governo de Jair Bolsonaro. O complemento de renda seria de algum modo atrelado à integração ao mercado de trabalho por meio de empregos de categoria especial, com direitos reduzidos e contribuição social específica, parte do plano maior de desregulamentação. Nesses casos, pelo menos, as contribuições das empresas para a seguridade social e outras ("impostos sobre a folha") seriam reduzidas. Tais iniciativas seriam financiadas tanto pelo remanejamento de verbas de outros programas sociais como por novos impostos. Todos esses projetos ainda eram muito vagamente delineados quando se escrevia este texto. Importa notar que o debate sobre trabalho era ocupado por planos ou ideias vagas do governo de Jair Bolsonaro; que a discussão mais geral da renda mínima, mesmo entre a esquerda, não englobava o problema do trabalho ou do uso alternativo de recursos em políticas públicas que tratassem de modo mais imediato do desemprego e da precariedade ou, em geral, do crescimento econômico.

As dificuldades para a recuperação do nível e da qualidade dos empregos depois de passado o pior da calamidade da epidemia não devem ser menores que as verificadas na retomada econômica jamais completa depois da Grande Recessão. Entre 2015 e 2017, tal crise eliminou cerca de 2,8 milhões de empregos. Em 2019, o número total de empregos era superior ao registrado em 2015, uma recuperação que não dava conta do aumento da população em idade de trabalhar e que foi marcada pela piora geral da qualidade dos empregos. O número de empregados por contratos regidos pela CLT em 2019 ainda era 2,7 milhões inferior ao de 2015; metade da recuperação dos postos de trabalho nesse período deveu-se a empregados que se ocupavam "por conta própria" e sem registro formal ou por empregos sem registro em carteira de trabalho, segundo cálculos baseados na Pesquisa Nacional por Amostra de Domicílios Contínua do IBGE.

A precarização do trabalho esteve associada à queda maior dos rendimentos dos mais pobres, pelo desalento dos indivíduos de renda mais baixa e pelo desemprego desigual, ou seja, pelo aumento da desigualdade da distribuição de renda (via mercado), apenas em parte compensada pela renda de outras fontes.[6] "A pouca recuperação que ocorre beneficia os trabalhadores mais bem posicionados, formalizados e empregados em determinados setores, como educação, saúde, administração pública e serviços financeiros. Os três primeiros setores são justamente áreas de maior investimento estatal e gastos públicos. Uma evidência indireta de que as forças tipicamente de mercado não foram capazes de promover a dinâmica necessária", como resume Rogério Barbosa.[7]

Atraso e automação, desigual e combinado

É possível especular que a defasagem tecnológica média brasileira possa ter aumentado nos anos de grande diminuição de investimento desde 2014, por ora sem perspectiva de ter fim. Não é razoável acreditar, porém, que a crise da epidemia não tenha aberto os olhos das empresas para as possibilidades do teletrabalho (em casa ou por meio de plataformas em geral) ou da necessidade de automação. Assim, um cenário plausível é o de dificuldades múltiplas e desiguais. Ou seja, não se trata de lidar com o problema típico da recuperação do nível de emprego depois de uma recessão, mas também com a informalização do trabalho notável a partir de 2016, com o subemprego que ora parece crônico, com as novas modalidades de precarização do trabalho (por meio de plataformas, entre outras) e com as modificações práticas e legais dos contratos ou das contratações de trabalho.

A transformação tecnológica rápida pode parecer uma miragem para a economia brasileira, deserto que está cheio de oásis ou, para recorrer a um termo antigo, de enclaves. A mudança pode ser acelerada pelo aprendizado de técnicas de poupança de trabalho durante a crise e por imposições da transformação produtiva nos países avançados (aceleração de mudanças tecnológicas e exigências de novos padrões ambientais e sociais). A indústria de roupas de Bangladesh adota robôs.

Cerca de 22,7% das categorias ou tipos de emprego no Brasil englobam trabalhos que podem ser realizados à distância. No ranking de teletrabalho potencial, o Brasil aparece em 45º lugar de 86 países. Não está na dianteira da tecnologia ou da infraestrutura digital, mas nem de longe está na rabeira.[8] Uma outra comparação internacional indica que a defasagem tecnológica brasileira pode não ser empecilho a processos relevantes de automação. O Relatório de 2020 da Organização das Nações Unidas para o Desenvolvimento Industrial (Unido) analisou a capacidade de 167 países de criar e adotar tecnologias de produção digital avançada (PDA): robôs avançados, impressoras 3D, análise de "big data", inteligência artificial, internet das coisas (IOT), computação em nuvem etc. Apenas dez países, o grupo dos "pioneiros", têm 91% das patentes mundiais e fazem 69% das exportações diretamente associadas às PDA, as da "quarta revolução industrial": pela ordem, Estados Unidos, Japão, Alemanha, China, Taiwan, França, Suíça, Reino Unido, Coreia e Holanda. Um segundo pelotão, que segue à distância, conta com 23 países, os "seguidores produtores", entre eles o Brasil, que se destaca em especial por importar tecnologia avançada, embora tenha competências de criação (a seguir vêm os "seguidores usuários", os "atrasados" e os "retardatários absolutos", neste caso 88 países totalmente fora do jogo). Segundo o juízo da Unido, sem tecnologias de PDA na indústria será difícil tornar o setor de serviços mais produtivo e capaz de criar bons empregos e de reduzir o impacto ambiental da produção.[9]

Tais transformações são de velocidade incerta, provavelmente serão graduais.[10] Políticas públicas e novas regulamentações podem redefinir ou pelo menos influenciar a transformação do trabalho devida à automação. Mudanças já em curso e aceleradas pela epidemia, ao menos na Europa e a seguir talvez nos Estados Unidos, vão redefinir os padrões produtivos mínimos aceitáveis em termos de impacto ambiental, segurança sanitária e garantias do trabalho — esse é o teor do plano de reconstrução da União Europeia, financiado em parte pelo Estado. Seja por meio de regras de comércio, acordos internacionais outros ou de concorrência, tais mudanças vão afetar a agropecuária brasileira, a exigência de qualidade em produtos industriais e requisitos básicos de proteção ao trabalho.

O investimento estatal pode ser relevante para que se mude o panorama degradado do trabalho. No entanto, a despesa estatal em obras públicas, serviços sociais básicos (saúde e educação) e em pesquisa científica e tecnológica "pró-emprego" disputará recursos com o financiamento de programas de renda básica, por exemplo. Em nível ainda muito rudimentar, mas imediato, tal conflito por recursos escassos deve ficar evidente na discussão de como financiar ou estimular alguma retomada econômica no Brasil depois da calamidade da epidemia.

A política do mercado de trabalho

O debate convencional dos motivos da estagnação da renda mediana e da desigualdade de rendimentos do trabalho nos países avançados, nos Estados Unidos em particular, vinha sendo demarcado por duas ou três explicações maiores. Em uma das versões, a demanda de trabalho mais qualificado (de pessoas com mais anos de instrução formal) devida ao avanço tecnológico elevou os rendimentos daquela quantidade escassa de trabalhadores mais bem preparados.[11] A globalização favoreceu a transferência de parte da produção para países em que fossem relativamente menores os salários da mão de obra requisitada para tarefas de média ou baixa qualificação, eliminando empregos da classe média dos países avançados (os industriais em particular, mas não apenas). Apesar dos avanços tecnológicos, o aumento da produtividade não foi relevante o bastante para acelerar o ritmo de crescimento da economia: o aumento do PIB poderia provocar aumento da demanda por outros ou novos tipos de trabalho. Esses seriam fatores importantes ou principais da desigualdade, da estagnação do rendimento mediano, do esvaziamento das classes médias e, enfim, das polarizações econômicas, sociais e talvez políticas do mundo rico, o americano em particular, nos últimos trinta ou quarenta anos.

Embora não desmereçam a importância desses fatores na explicação das polarizações nas sociedades avançadas, em especial nos Estados Unidos, alguns autores chamam a atenção para motivos pelo menos coadjuvantes. O declínio dos sindicatos e a perda do valor real do salário mínimo teriam contribuído de modo relevante para a desigualdade e para a redução da renda do trabalho nos Estados Unidos desde o começo dos anos 1980, segundo também Alan Krueger, que foi professor de Princeton e trabalhou nos governos de Bill Clinton e Barack Obama. Em um resumo didático dos fatores da iniquidade e da estagnação de renda nos últimos quarenta anos, Krueger enumera ainda decisões judiciais que dificultam a sindicalização e demandas trabalhistas na Justiça, contratos de trabalho por meio de terceirização e conluios de empresas para determinar salários e conter a concorrência em geral no mercado de trabalho.[12]

De modo mais sistemático, Daron Acemoglu mostra que o salário mínimo e os benefícios de seguro-desemprego mudam a composição do emprego (salários mais altos e produtividade maior), o que teria ficado evidente nas três décadas de crescimento acelerado e desigualdade relativamente baixa depois da Segunda Guerra. Instituições da social-democracia (proteção do trabalho, seguridade social, saúde e educação) e pesquisa e desenvolvimento também orientados pelo Estado teriam impedido um excessivo desequilíbrio do poder entre empregadores e empregados.[13]

Além de mudanças no desequilíbrio de poder entre trabalhadores e empresas, o que o Estado pode fazer a respeito da polarização de renda em tempos de adoção acelerada de tecnologias (de inteligência artificial ou mesmo de outras mais defasadas) que substituem trabalho por capital? Justamente reorientar ou influenciar decisões de mercado que fazem o trabalho perder lugar para máquinas (que podem ser apenas softwares e algoritmos) ou evitar arranjos institucionais quaisquer que redundem em situações nas quais aumentos de produtividade não estejam associados ao aumento da demanda por trabalho. Em geral, a ideia é que a automação pode não ser apenas destrutiva, mas criar alternativas de trabalho.

A automação pode eliminar trabalhos (o rendimento total da economia então se concentra mais no capital), pode complementar o trabalho, aumentando sua produtividade (o rendimento pode ser mais bem compartilhado entre trabalho e capital) ou pode elevar a renda total por meio do aumento da produtividade, provocando (ou não) o aumento da procura por novas tarefas e, pois, por novos tipos de trabalho. É fácil perceber problemas na tentativa de administrar esse equilíbrio. Trabalhadores simplesmente podem não ser capacitados para complementar a automação; a oferta de trabalho complementar pode ser demasiadamente grande (o que reduz salários); a eliminação de empregos no setor automatizado pode ser maior do que a criação de empregos no setor "atrasado".[14] Tais questões sugerem muito mais do que a necessidade de reforma educacional e do financiamento igualitário de oportunidades de educação avançada. É possível que o avanço da automação antecipe a necessidade de mudança social ampla, com a redução geral das horas trabalhadas, programas de renda mínima e novas modalidades de tributação do capital descarnado da atividade humana complementar.

Acemoglu e Pascual Restrepo lembram que parcerias entre governo e iniciativa privada financiaram e desenvolveram pesquisa científica e tecnológica socialmente benéficas. Mais recentemente, o governo enxuto teria sido mais "frugal" no investimento e em sua intervenção no direcionamento dos objetivos da ciência e tecnologia. Deixaram mais espaço e poder para o setor privado determinar o sentido geral da pesquisa. Tal conjunção desestimularia a pesquisa que não tenha efeito necessário ou imediato na rentabilidade ou que tenha objetivos sociais (como o emprego). Além do mais, a política tributária dos Estados Unidos e de economias ocidentais avançadas subsidia o capital e tributa em excesso relativo o emprego.[15]

Em suma, a automação toma o lugar do trabalho ("efeito deslocamento"), mas também tende a elevar a produtividade. O "efeito produtividade" (crescimento do produto, dados os fatores de produção, capital e trabalho) pode elevar a demanda por trabalho (em novas tarefas, que seja). O essencial é, pois, pensar no efeito líquido dessas duas forças, evitando que o "efeito deslocamento" seja maior que o "efeito produtividade". Nas últimas três décadas, afirmam Acemoglu e Restrepo, houve uma redução da demanda de trabalho; nas últimas duas, estagnação. "A criação de novas tarefas e outras tecnologias que aumentam o teor de trabalho na produção e a fatia do trabalho [no PIB] são vitais para que salários e produtividade cresçam na mesma medida. Se tais tecnologias vão aparecer depende não apenas de nossa capacidade de inovação, mas também da oferta de diferentes qualificações, de mudanças demográficas, instituições do mercado de trabalho, políticas de governo, incluindo impostos e pesquisa e desenvolvimento, competição de mercado, estratégias empresariais e do ecossistema dos clusters de inovação", escrevem.[16]

Tais debates parecem uma abstração futurística ou fantasia utópica para quem vive em um Brasil governado pela aversão à pesquisa científica e suas instituições ou pelo empenho em um projeto de desregulamentação geral do mercado de trabalho; um país em que quase 40% dos empregos são informais ou nem são remunerados; no qual o Estado perdeu quase toda a capacidade financeira e técnica, para não dizer política e organizacional, de investir. Mas essa é obviamente também uma lista sumaríssima dos problemas que têm de ser enfrentados a fim de que se evitem degradação social ainda maior, aumento do atraso econômico e, possivelmente, um conflito social e político mais destrutivo. É também um lembrete de que não são possíveis escolhas binárias ou que não existam alternativas de custos e benefícios maiores.

Não é possível aumentar a despesa pública sem um plano de contenção do aumento da dívida, a médio ou longo prazos. Não é possível aumentar despesas com transferências sociais (como rendas mínimas) sem limitar investimentos em obras de infraestrutura pública e social que não serão iniciativa privada (de estradas e hospitais à pesquisa científica e tecnológica). Não é possível aumentar benefícios para idosos em uma população que envelhece sem que sejam limitados investimentos para a infância, jovens e trabalhadores em idade ativa. Não é possível aceitar regulamentações trabalhistas disfuncionais, pois anacrônicas, sem estabelecer ou restabelecer instituições de proteção do trabalho. Não é possível reduzir tributos sobre o investimento das empresas e o trabalho, reduzir a iniquidade tributária (regressividade) e uniformizar impostos de modo produtivamente eficiente sem ampla reforma tributária e tributação dos mais ricos, que é um universo de mais de 15 milhões de indivíduos, no Brasil. Não haverá condições de elevar o nível de emprego sem crescimento econômico mais acelerado, mas o crescimento do PIB por si só é insuficiente para elevar o nível ou a qualidade do emprego (definida por regularidade, segurança, salários, satisfação individual).

"A longo prazo, as políticas governamentais não redistribuem simplesmente o que o trabalho e o capital produzem: elas estruturam esses mercados de maneira a moldar os resultados econômicos e a capacidade de ação organizada dos interesses econômicos. A política ajuda a definir os contornos básicos da economia, a 'variante de capitalismo', como queiram", escrevem Jacob Hacker e Paul Pierson, em uma perspectiva da ciência política, mas paralela à de Acemoglu e Restrepo, em um texto que se chama justamente "Os vencedores levam tudo"[17] e trata da cumplicidade no governo de políticas que facilitaram a polarização socioeconômica.

Excurso final: o preço da futurologia

Lidar com as mudanças deve exigir um experimentalismo pragmático incremental, uma atitude prudente diante de transformações quaisquer, provavelmente ainda mais em um ambiente de incerteza, dado o choque da epidemia, e de fragilidade econômica exacerbada em níveis inéditos no caso brasileiro. Ressalte-se o problema da incerteza: além do "desconhecido conhecido" (coisas que sabemos que não sabemos), há o "desconhecido desconhecido" (coisas que nem sabemos que não sabemos), a inovação econômica, social ou política que o convívio com o desastre da pandemia pode suscitar, mais provável quanto maior a sua duração.

Edmund Phelps, economista e prêmio Nobel,[18] observa que a própria inovação econômica não deriva necessariamente de invenções científicas ou mesmo tecnológicas, mas nasce de ideias de pessoas envolvidas nas entranhas das empresas, no investimento e na produção, baseada em conjecturas sobre o futuro dos negócios e nos desejos desconhecidos dos consumidores (para eles mesmos), em probabilidades ignoradas. Ideias plausíveis em geral vêm da observação detalhada do empreendimento e, então, do recurso a soluções que foram desenvolvidas em outra parte, em centros de pesquisa. Não são determinadas pelo conhecimento atual da economia: não são previsíveis. Têm caráter aleatório ou acidental.

No entanto, há determinantes ou, para usar palavra menos determinística, balizas para os caminhos. As transformações econômicas dependem de preços, de escassez relativa de recursos, tempo e alternativas, por vezes explicitadas ou impostas por choques da dimensão da epidemia de Covid-19. Quanto mais intensa e duradoura a experiência da alternativa, mais provável a adoção de produtos ou métodos de produção novos ou a imaginação de possibilidades até então impensadas.

A massificação instantânea do teletrabalho em casa pode dar ideias, por exemplo. De imediato, sugere a possibilidade de redução de custos como espaço de escritório, serviços (energia, água, limpeza, segurança, manutenção, talvez alimentação etc.), de equipamentos de trabalho (computadores, materiais de escritório ou outras ferramentas profissionais) e de despesas com bem-estar do trabalhador. Essas são alternativas quase mecânicas de reorganização do trabalho. Pode haver mais. Se o trabalho pode ser feito longe das instalações da firma, de qualquer lugar, porque não pode ser feito por um trabalhador de outra cidade, outra região na China ou na Índia, se for conveniente e relativamente mais barato? Pode parecer exagero, mas hoje o serviço de atendimento aos clientes da Amazon no Brasil é oferecido por falantes originais de língua espanhola. Talvez existam empecilhos legais para essa nova onda de terceirização (tais como a responsabilidade de um médico), culturais (a língua ou profissões baseadas em conhecimentos típicos de um país, como o direito) ou a necessidade de interações "ao vivo" frequentes, o que encareceria certas contratações distanciadas ou prejudicaria benefícios de contato mais próximo. Mesmo Phelps observa que o futurismo do trabalho por vezes negligencia o fato de que as interações face a face criam ideias, por vezes de maneira fortuita, no bebedouro ou no cafezinho. O ambiente de escritório proporciona interações que permitem troca de experiências, confronto de ideias e resolução de conflitos, aprendizagens que não são replicáveis digitalmente. O *home office* pode prejudicar a inovação.[19]

O teletrabalho torna possível não apenas variedades de terceirização ou *outsourcing* internacional. Se não é preciso comprar um pacote de tempo de trabalho a ser realizado em um espaço determinado, é possível comprar tarefas de vários fornecedores-trabalhadores, sem vínculo empregatício tradicional. Seria a expansão da "economia do frila", dos *gig workers*, que foi facilitada pela infraestrutura digital e tem sua face mais evidente nos serviços de motorista (uberização) e de entregas. Mesmo o trabalho de profissionais de qualificação maior (de nível superior) pode ser fragmentado e sujeito às condições dos trabalhadores das plataformas (pagamento por tarefa, nenhuma remuneração por tempo de espera de tarefas, desproteção trabalhista quase total, obrigação de arranjar instrumentos de trabalho).

Outras mudanças vão depender da duração das paralisias de diversos setores econômicos, de mudanças de custos, de preços relativos, do aprendizado e do fator nostalgia, ressalte-se. Um possível esvaziamento dos escritórios poderia provocar, por exemplo, alterações no tráfego de veículos, na ocupação do transporte público, no consumo de combustíveis e de veículos a motor em geral. Comércios do entorno de regiões economicamente esvaziadas, como serviços de alimentação e outros, lojas e mesmo ambulantes perderiam clientes. Podem multiplicar-se os "restaurantes fantasma", dedicados apenas à produção para entrega. A educação pode ser parcialmente ministrada à distância, o que também diminui a demanda de certas instalações e de serviços auxiliares; assim pode ser também com consultas médicas. Em um primeiro momento, pelo menos, a demanda menor de novas instalações comerciais e de escritórios pode diminuir a atividade da construção civil e atividades correlatas (serviços profissionais, indústria de materiais).

A adoção de alternativas depende também de preços. Um possível efeito da ociosidade de espaços comerciais e de escritórios é a queda dos preços de locação, que pode atrair novos usuários. É improvável que a região da Faria Lima, bairro paulistano ocupado por escritórios de instituições financeiras e outras empresas, se transforme em algo como uma Detroit arruinada pelo fechamento de fábricas de carros, para recorrer a uma caricatura. Preços têm efeito ou aspecto duplo: informam sobre a escassez de um produto ou insumo e incentivam consumidores e empreendedores a mudar de comportamento. Altas ou baixas de preços provocam o que os economistas chamam de "efeito substituição", o que, no entanto, depende da duração da mudança, do seu tamanho relativo e da percepção da necessidade de certo tipo de consumo, seja de alimentos, roupas, bens de consumo duráveis (como automóveis), moradias, serviços, entretenimento (ou da necessidade de consumir tal ou qual variedade dessas mercadorias). Depende ainda da em geral imprevisível mudança de hábitos e gostos, de preferências econômicas (uma lista de prioridades de consumo) e sociais. Mas preços são uma bússola.

Pode haver ainda o desejo de que "as coisas voltem a ser como antes", da satisfação da necessidade de interação social. Pode haver nostalgia da vida sob tempos menos opressivos ou resistência cultural à mudança. Isto é, pode haver um impulso de restauração de situações da sociabilidade anterior à do mundo do vírus (o bar, o restaurante, a festa, a casa de dança, o templo religioso, o show, o shopping, o espetáculo esportivo, a academia de ginástica, o clube). Uma especulação reversa, no sentido contrário, e não tão óbvia pode sugerir que haverá uma infraestrutura física instalada de alto custo a se tornar rentável. Sua própria presença pode incentivar a volta do seu uso tradicional ou uma variante. O peso das coisas pode reforçar o desejo de restauração do que se imagina como a normalidade da vida anterior, a nostalgia.

A especulação sobre a mudança no funcionamento e organização das cidades tropeça em questões similares. Além do impacto em preferências e gostos, a crise da epidemia provocaria alterações na geografia socioeconômica como do uso da cidade. As fantasias aconchegantes sobre a nova natureza do trabalho em casa têm paralelos na futurologia urbanística sentimental que imagina uma vida mais próxima da comunidade, com menos deslocamentos e integrada ao comércio e lazer locais. Quem pagaria o investimento da relocalização em massa de moradias, dos habitantes da cidade, dos empregos ou dos espaços públicos de lazer, como parques? A que custo?

A pandemia deve provocar um desarranjo imprevisível nas percepções de como se vai tocar a vida miúda. Pode-se no máximo tentar mapear o desconcerto. Qual aspecto da história que se desenrola agora é inercial, por assim dizer, impulsionado por um momento inicial crítico que cria consequências dificilmente reversíveis e correntes profundas e fortes, contra as quais é difícil remar (as "grandes tendências")? Por outro lado, o que parece sólido mas pode se desmanchar com um mero peteleco? As aparentes miudezas da vida dos negócios, do trabalho, da sociabilidade e mesmo da política econômica fazem também parte dessa enxurrada confusa, a história.

Agradecimentos

A Graziela Azevedo e Marcos Nobre, que tiveram a paciência amorosa de ler meus rascunhos, me ajudaram a evitar burrice demasiada e, com menos sucesso, me incentivaram a ter ideias menos conservadoras.

Dois editores da Todavia me fizeram escrever este pequeno livro. Ainda assim, a culpa não é deles. Agradeço a André Conti e Flávio Moura pela generosidade do convite e por outras gentilezas.

À direção da *Folha de S.Paulo*, por me conceder um tempo de licença para redigir estas páginas, cortesia de Sérgio Dávila, Vinicius Mota e Roberto Dias.

Notas

I. Morte em Veneza e a política internacional do vírus [pp. 13-32]

1. Gregory Clark, *A Farewell do Alms*. Nova Jersey. Princeton: Princeton University, 2007.
2. James Shapiro, *The Year of Lear: Shakespeare in 1606*. Nova York: Simon & Schuster, 2016.
3. Vinicius Torres Freire, "Faz milênios, literatura conta o drama de ser prisioneiro da peste". *Folha de S.Paulo*, 21 mar. 2020. Disponível em: < https://www1.folha.uol.com.br/ilustrissima/2020/03/desde-a-grecia-antiga-literatura-narra-drama-de-ser-prisioneiro-da-peste.shtml>. Acesso em: 30 jul. 2020.
4. Frank Snowden, *Epidemics and Society: From the Black Death to the Present*. New Haven: Yale University, 2020.
5. Angus Deaton, *The Great Escape: Health, Wealth and the Origins of Inequality*. Princeton: Princeton University, 2013.
6. Essas notas sobre a história pré-moderna do controle da peste baseiam-se em Snowden, op. cit.
7. Marcos Cueto, Theodore Brown e Elizabeth Fee, *The World Health Organization: A History*, 2019. Disponível em: <https://www.researchgate.net/publication/331772951_The_World_Health_Organization_A_History>. Acesso em: 30 jul. 2020.
8. Adam Kamradt-Scott, "Changing Perceptions: Of Pandemic Influenza and Public Health Responses". *American Journal of Public Health*, v. 102, n. 1, pp. 90-8, jan. 2012.
9. Freire, op. cit.
10. Peter H. Lindert, *Growing Public: Social Spending and Economic Growth Since the Eighteenth Century*. Nova York: Cambridge University, 2005. Também Deaton, op. cit.
11. Sófocles, *Édipo Rei*. São Paulo: Abril Cultural, 1982.
12. Expressão do então presidente do Banco Central Europeu, Mario Draghi, ao dizer em 2012 que haveria apoio sem limite do BCE à contenção da crise da dívida dos governos e à moeda única. Em James Wilson e Robin Wigglesworth, "ECB 'Ready to Do Whatever It Takes'". *Financial Times*, 26 jul. 2012. Disponível em: <https://www.ft.com/content/6ce6b2c2-d713-11e1-8e7d-00144feabdc0>. Acesso em: 30 jul. 2020.

13. Ver: Dan Diamond, "Inside America's 2-Decade Failure to Prepare for Coronavirus". *Politico*, 4 abr. 2020. Disponível em: <politico.com/news/magazine/2020/04/11/america-two-decade-failure-prepare-coronavirus-179574>. Acesso em: 30 jul. 2020.

14. Global Preparedness Monitoring Board, *A World at Risk: Annual Report on Global Preparedness for Health Emergencies*, set. 2019. Disponível em: <https://apps.who.int/gpmb/assets/annual_report/GPMB_annual-report_2019.pdf>. Acesso em: 30 jul. 2020.

15. Ver: David E. Sanger et al., "Before Virus Outbreak, a Cascade of Warnings Went Unheeded", *The New York Times*, 19 mar. 2020. Disponível em: <https://www.nytimes.com/2020/03/19/us/politics/trump-coronavirus-outbreak.html>. Acesso em: 30 jul. 2020.

16. Ver: Ryan Goodman e Danielle Schulkin, "Timeline of the Coronavirus Pandemic and U.S. Response". *Just Security*, 7 maio 2020. Disponível em: <https://www.justsecurity.org/69650/timeline-of-the-coronavirus-pandemic-and-u-s-response/>. Acesso em: 30 jul. 2020.

17. Para uma discussão do significado de emergência e pandemia, ver: Nils Gilman, "Unprepared: How the Global Health Infrastructure Failed to Contain the Covid-19 Pandemic". *Berggruen Institute*, 14 abr. 2020. Disponível em: <https://www.berggruen.org/ideas/articles/unprepared-how-the-global-health-infrastructure-failed-to-contain-the-covid-19-pandemic/>. Acesso em: 30 jul. 2020.

18. Ver: European Centre for Disease Prevention and Control, *Risk Assessment: Outbreak of Acute Respiratory Syndrome Associated with a Novel Coronavirus, Wuhan, China; First Update*, 22 jan. 2020. Disponível em: <https://www.ecdc.europa.eu/en/publications-data/risk-assessment-outbreak-acute-respiratory-syndrome-associated-novel-coronavirus>. Acesso em: 30 jul. 2020.

19. Ver: David M. Herszenhorn e Sarah Wheaton, "How Europe Failed the Coronavirus Test". *Politico*, 10 abr. 2020. Disponível em: <politico.eu/article/coronavirus-europe-failed-the-test/>. Acesso em: 30 jul. 2020.

20. Os cálculos se baseiam em dados do World Development Indicators, do World Bank. Disponível em: <https://databank.worldbank.org/source/world-development-indicators>. Acesso em: 30 jul. 2020.

21. *John Ikenberry, After Victory: Institutions, Strategic Restraint, and the Rebuilding of Order after Major Wars.* Nova Jersey: Princeton University, 2019.

22. Robert D. Blackwill e Thomas Wrigh, "The End of World Order and American Foreign Policy". *Council of Foreign Relations*, Council Special Report n. 86, maio 2020. Disponível em: <https://cdn.cfr.org/sites/default/files/report_pdf/the-end-of-world-order-and-american-foreign-policy-csr.pdf>. Acesso em: 30 jul. 2020.

23. Há autores que atribuem tais fenômenos a uma reação conservadora à modernização de relações sociais. Ver: Ronald Inglehart e Pippa Norris, "Trump, Brexit, and the Rise of Populism: Economic Have-Nots and

Cultural Backlash". *Harvard Kennedy School Faculty Research Working Paper*, RWP16-026, ago. 2016. Disponível em: <https://www.hks.harvard.edu/publications/trump-brexit-and-rise-populism-economic-have-nots--and-cultural-backlash>. Acesso em: 30 jul. 2020.

24. Ver: Fatimah Dawood et al., "Estimated Global Mortality Associated with the First 12 Months of 2009 Pandemic Influenza A H1N1 Virus Circulation: A Modelling Study". *The Lancet*, Infectious Diseases, 26 jun. 2020. Disponível em: <https://www.thelancet.com/journals/laninf/article/PIIS1473-3099(12)70121-4/fulltext>. Acesso em: 30 jul. 2020.

25. Deaton, op. cit.

26. Ver: Robin Marantz Henig, "Experts Warned of a Pandemic Decades Ago: Why Weren't We Ready?". *National Geographic*, 9 abr. 2020. Disponível em: <https://www.nationalgeographic.com/science/2020/04/experts--warned-pandemic-decades-ago-why-not-ready-for-coronavirus/>. Acesso em: 30 jul. 2020.

27. Ver: Joshua Busby, "What International Relations Tells Us about Covid-19". *E-International Relations*, 26 abr. 2020. Disponível em: <https://www.e-ir.info/2020/04/26/what-international-relations-tells-us-about-covid-19/>. Acesso em: 30 jul. 2020.

28. A esse respeito, além de outros artigos citados nestas notas, ver: Chris Tyler e Peter Gluckman, "Coronavirus: Governments Knew a Pandemic Was a Threat: Here's Why They Weren't Better Prepared". *The Conversation*, 27 abr. 2020. Disponível em: <https://theconversation.com/coronavirus--governments-knew-a-pandemic-was-a-threat-heres-why-they-werent--better-prepared-136857>. Acesso em: 30 jul. 2020.

2. Quem paga a conta da epidemia [pp. 33-68]

1. *"All we know about the unsustainable is that it cannot go on forever. It will stop (Stein's law). The Dornbusch corollary is: But it will go on longer than you considered possible and will end when you least expect it"*. Em Willem Buiter e Catherine L. Mann, "Modern Monetary Theory: What's Right Is Not New, What's New Is Not Right, and What's Left Is Too Simplistic". *Citi Global Perspectives & Solutions Insights*, mar. 2019. Disponível em: <https://ir.citi.com/nltGP2QpAzXXShtSlsqcMJSnKX9Bk52kKO7pv-KoCr20RXXqBGlJ30bpaEd2QFQKI>. Acesso em: 30 jul. 2020. A frase *"In economics, things take longer to happen than you think they will, and then they happen faster than you thought they could"* é atribuída ao economista Rudiger Dornsbusch (1942-2002). A frase *"If something cannot go on forever, it will stop"* é atribuída ao economista Herbert Stein (1916-1999).

2. Medida pela taxa de juros implícita da dívida bruta, cadente em termos nominais desde 2016 e em termos reais desde 2017. Dados do Banco Central do Brasil.

3. Enrique Alberola-Ila et al., "The Fiscal Response to the Covid-19 Crisis in Advanced and Emerging Market Economies". *BIS Bulletin*, 17 jun. 2020. Disponível em: <https://www.bis.org/publ/bisbull23.htm>. Acesso em: 30 jul. 2020.
4. Sobre limites da dívida, ver por exemplo: Thomas Herndon, Michael Ash e Robert Pollin, "Does High Public Debt Consistently Stifle Economic Growth?: A Critique of Reinhart and Rogoff". *Cambridge Journal of Economics*, v. 38, n. 2, 2014; e também Andrea Pescatori, Damiano Sandre e John Simon, "Debt and Growth: Is There a Magic Threshold?". *IMF Working Paper Research Department*, n. 14/34, fev. 2014; ou ainda Alberto Alesina, Carlo Favero e Francesco Giavazzi, *Austerity: When It Works and When It Doesn't*. Princeton: Princeton University, 2019.
5. Carmen Reinhart e M. Belen Sbrancia, "The Liquidation of Government Debt". *NBER Working Paper*, n. 16893, mar. 2011. Disponível em: <https://www.imf.org/external/np/seminars/eng/2011/res2/pdf/crbs.pdf>. Acesso em: 30 jul. 2020.
6. Nos tempos excepcionais desde 2008, de taxas de juros negativas em países avançados, há governos que vendem por um valor maior do que aquele que prometem pagar no futuro.
7. Dados do Relatório Mensal da Dívida Pública Federal de maio de 2020.
8. Anbima, *Consolidado Histórico de Fundos de Investimento*, maio 2020.
9. Thomas Piketty, *Le Capital au XXIe Siècle*. Paris: Éditions du Seuil, 2013.
10. Marcelo Medeiros e Fábio Ávila de Castro, "A composição da renda no topo da distribuição: Evolução no Brasil entre 2006 e 2012, a partir de informações do Imposto de Renda". *Economia e Sociedade*, Campinas, v. 27, n. 2 (63), pp. 577-605, ago. 2018. Disponível em: <https://www.scielo.br/scielo.php?script=sci_abstract&pid=S0104-06182018000200577&lng=en&nrm=iso&tlng=pt>. Acesso em: 30 jul. 2020.
11. Bancos mantêm contas no Banco Central (BC) de seu país. Grosso modo e em geral, nelas depositam o que se chama tecnicamente de reservas, necessárias para que, ao fim de um dia ou outro período regulamentar, façam pagamentos para outros bancos e mantenham os depósitos mínimos exigidos pelo BC (ditos depósitos compulsórios, no Brasil, um modo de controlar a quantidade de dinheiro emprestável, por assim dizer, na economia). Bancos com sobras de reservas emprestam a bancos com carência desses recursos. A taxa de juros dos empréstimos de curtíssimo prazo desse mercado interbancário é, em geral, a taxa básica de juros da economia (que serve de referência para as demais taxas). No Brasil, é chamada de Selic. Caso a demanda por reservas seja muito grande (pequena) a taxa básica de juros sobe (cai). No entanto, os BCs definem uma meta para essa taxa básica. Pode ser que a demanda dos bancos por reservas desvie a Selic da meta definida pelo Banco Central, que então intervém nesse mercado. Isto é, se houver excesso de demanda e, pois, alta de taxa de juros no mercado interbancário, um BC aumenta a quantidade de reservas (de base monetária, de moeda): cria moeda, que troca por títulos em poder dos bancos. Em caso de sobra

de reservas, os bancos podem emprestá-la à taxa possível, a fim de não ficar com recursos sem rentabilidade (a taxa básica poderia chegar até a zero); um BC então diminui a quantidade de reservas ("enxuga a liquidez", "tira dinheiro" desse mercado), vendendo títulos. No caso atual do Brasil, em vez de vender ou comprar títulos, o BC na prática toma empréstimos ("enxuga" moeda) dando como garantia títulos públicos ou concede empréstimos aos bancos ("cria" moeda) tendo como garantia também títulos públicos. São as chamadas "operações compromissadas" (operações de venda de títulos com compromisso de recompra). Um motivo do aumento da liquidez (excesso de reservas) pode ocorrer devido a um gasto excessivo, um déficit, do governo (do Tesouro Nacional) que não foi coberto por empréstimos (pela emissão e venda de títulos públicos) — até certo limite, o governo pode gastar mais do que arrecada sacando de sua conta (também no Banco Central), do seu "colchão". Caso financie essa despesa deficitária com empréstimos (venda de títulos), vai "enxugar" o excesso de dinheiro. Caso não o faça, é quase certo que o Banco Central terá de "enxugar" esse excesso (vendendo títulos ou fazendo operação equivalente) a fim de manter a Selic na meta definida. Assim, a dívida pública aumenta por outra via e maneira: agora o endividamento será de curto prazo (menos de três meses, em geral menos de um), o prazo das operações compromissadas. Caso o Banco Central criasse moeda a fim de financiar o governo, ocorreria processo similar: o BC teria de enxugar esse excesso de dinheiro caso precise manter a taxa básica de juros em certo nível. Tal excesso seria irrelevante apenas no caso de a meta para a taxa básica (a Selic, no caso brasileiro) ser zero. A esse respeito, ver: Claudio Borio e Piti Disyatat, "Unconventional Monetary Policies: An Appraisal". *BIS Working Papers*, n. 292, Monetary and Economic Department, nov. 2009. Disponível em: <https://www.bis.org/publ/work292.pdf>. Acesso em: 30 jul. 2020.

12. Anbima, op. cit.

13. International Monetary Fund, *Fiscal Monitor Database*.

14. Paolo Mauro et al., "A Modern History of Fiscal Prudence and Profligacy". *IMF Working Paper*, n. 13/5, 2013; International Monetary Fund, *Public Finances in Modern History Database*.

15. Fabio Giambiagi e Guilherme Tinoco de Lima Horta, "O teto do gasto público: mudar para preservar". *BNDES*, Texto para Discussão 144, set. 2019. Disponível em: <https://web.bndes.gov.br/bib/jspui/handle/1408/18620>. Acesso em: 30 jul. 2020.

16. FGV-Instituto Brasileiro de Economia (Ibre), Observatório de Política Fiscal. Séries Históricas, 2020.

17. Peter H. Lindert, *Growing Public: Social Spending and Economic Growth Since the Eighteenth Century*. Volume 1, The Story. Nova York: Cambridge University Press, 2005. E também Peter H. Lindert, "The Rise and Future of Progressive Redistribution". *CEQ Working Paper*, 73, out. 2017.

18. OCDE, *Economic Outlook: The World Economy on a Tightrope*, jun. 2020. Disponível em: <http://www.oecd.org/economic-outlook/june-2020>. Acesso em: 30 jul. 2020.
19. Oliver Blanchard, "Public Debt and Low Interest Rates". *American Economic Review*, v. 109, n. 4, pp. 1197-229, 2019. Disponível em: <https://pubs.aeaweb.org/doi/pdfplus/10.1257/aer.109.4.1197>. Acesso em: 30 jul. 2020.
20. Ver: Reinhart e Sbrancia, op. cit.

3. O vírus do fim do trabalho [pp. 69-85]

1. O imperador da Alemanha apresentava ao Parlamento leis de Bismarck para a reforma ou adoção de seguro para acidentes e doenças do trabalho e de aposentadoria por idade ou invalidez, para trabalhadores da indústria. Ver: Virginia Berridge, Martin Gorsky e Alex Mold, *Public Health in History*. Nova York: McGraw-Hill, 2011.
2. Dados da Pesquisa Nacional por Amostra de Domicílios Contínua-Covid.
3. Dados de 2019 do Instituto Locomotiva.
4. Sandro Sachet de Carvalho, "Os efeitos da pandemia sobre os rendimentos do trabalho e o impacto do auxílio emergencial: O que dizem os microdados da PNAD Covid-19". *Ipea*, Carta de Conjuntura, n. 49, jul. 2020.
5. Daniel Duque, "Auxílio Emergencial faz pobreza cair em plena pandemia". *Blog do Instituto Brasileiro de Economia (Ibre) da FGV*, 26 jun. 2020. Disponível em: <https://blogdoibre.fgv.br/posts/auxilio-emergencial--faz-pobreza-cair-em-plena-pandemia>. Acesso em: 30 jul. 2020.
6. Daniel Duque e Bernardo Esteves, "Distribuição de renda no Brasil e o papel dos rendimentos além do trabalho para a desigualdade: Uma análise do período 2012-19". *Blog do Instituto Brasileiro de Economia (Ibre) da FGV*, 12 jun. 2020. Disponível em: <https://blogdoibre.fgv.br/posts/distribuicao-de-renda-no-brasil-e-o-papel-dos-rendimentos-alem-do-trabalho-para-desigualdade>. Acesso em: 30 jul. 2020.
7. Rogério Jerônimo Barbosa, "Estagnação desigual: Desemprego, desalento, informalidade e a distribuição da renda do trabalho no período recente (2012-2019)". *Ipea*, out. 2019. Disponível em: <http://repositorio.ipea.gov.br/bitstream/11058/9949/1/bmt_67_nt_estagnacao_desigual_desemprego.pdf>. Acesso em: 30 jul. 2020.
8. Geraldo Sandoval Góes, Felipe dos Santos Martins e José Antonio Sena do Nascimento, "Potencial de teletrabalho na pandemia: Um retrato no Brasil e no mundo". *Ipea*, Carta de Conjuntura, n. 47, jun. 2020. Disponível em: <https://www.ipea.gov.br/cartadeconjuntura/index.php/2020/06/potencial-de-teletrabalho-na-pandemia-um-retrato-no-brasil-e-no-mundo/>. Acesso em: 30 jul. 2020.
9. United Nations Industrial Development Organization (Unido), *Industrial Development Report 2020: Industrializing in the Digital Age*, 2019. Disponível

em: <https://www.unido.org/resources-publications-flagship-publications-industrial-development-report-series/idr2020>. Acesso em: 30 jul. 2020.

10. Para uma síntese de alta divulgação sobre as transformações do trabalho, mas trabalho de especialista, ver: Daniel Susskind, *A World Without Work: Technology, Automation, and How We Should Respond.* Nova York: Metropolitan, 2020.

11. Daron Acemoglu, "Technical Change, Inequality, and the Labor Market". *Journal of Economic Literature.* Volume XL, mar. 2002; e Jacob S. Hacker e Paul Pierson, "Winner-Take-All Politics: Public Policy, Political Organization, and the Precipitous Rise of Top Incomes in the United States". *Politics & Society*, pp. 38-152, 2010.

12. Alan B. Krueger, "Reflections on Dwindling Worker Bargaining Power and Monetary Policy". Simpósio Econômico de Jackson Hole, ago. 2018. Disponível em: <https://www.kansascityfed.org/~/media/files/publicat/sympos/2018/papersandhandouts/824180824kruegerremarks.pdf?la=en>. Acesso em: 30 jul. 2020.

13. Para uma apresentação mais simples dessas ideias de Acemoglu, ver, por exemplo: "Good Jobs versus Bad Jobs". *Journal of Labor Economics*, v. 19, n. 1, jan. 2001. Para um comentário breve, ver: "The Fall of the Berlin Wall and Social Democracy". *Project Syndicate*, 13 nov. 2019.

14. David H. Autor, "Why There Are So Many Jobs?: The History and Future of Workplace Automation". *Journal of Economic Perspectives.* v. 29, n. 3, verão 2015. Disponível em: <https://www.aeaweb.org/articles?id=10.1257/jep.29.3.3>. Acesso em: 30 jul. 2020.

15. Daron Acemoglu e Pascual Restrepo, "The Wrong Kind of AI?: Artificial Intelligence and the Future of Labor Demand". *NBER Working Paper*, n. 25 682, mar. 2019. Disponível em: <https://www.nber.org/papers/w25682?utm_campaign=newsletteridea&utm_medium=email&utm_source=revue%20newsletter>. Acesso em: 30 jul. 2020.

16. Daron Acemoglu e Pascual Restrepo, "Automation and New Tasks: How Technology Displaces and Reinstates Labor". *Journal of Economic Perspectives*, v. 33, n. 2, pp. 3-30, primavera 2019. Disponível em: <https://www.nber.org/papers/w25684>. Acesso em: 30 jul. 2020.

17. Jacob S. Hacker e Paul Pierson, op. cit.

18. Edmund Phelps, *Mass Flourishing: How Grassroots Innovation Created Jobs, Challenge, and Change.* Nova Jersey: Princeton University, 2013.

19. Ibid.

Sobre o autor

Vinicius Torres Freire é jornalista da *Folha de S.Paulo*, onde escreve uma coluna sobre economia e política. Foi correspondente, editor e secretário de redação do jornal. É graduado em ciências sociais pela USP e mestre em administração pública pela Universidade Harvard.

© Vinicius Torres Freire, 2020

Todos os direitos desta edição reservados à Todavia.

Grafia atualizada segundo o Acordo Ortográfico da Língua Portuguesa de 1990, que entrou em vigor no Brasil em 2009.

capa
Todavia
composição
Manu Vasconcelos
revisão
Huendel Viana

1ª reimpressão, 2020

Dados Internacionais de Catalogação na Publicação (CIP)

— —

Freire, Vinicius Torres (1965-)
Três pragas do vírus: Política internacional, dívida e desemprego na pandemia: Vinicius Torres Freire
São Paulo: Todavia, 1ª ed., 2020
96 páginas

ISBN 978-65-5692-046-7

1. Economia 2. Ensaio 3. Covid-19 4. Coleção 2020 I. Título

CDD 330.4

— —

Índice para catálogo sistemático:
1. Economia: Ensaio 330.4

todavia
Rua Luís Anhaia, 44
05433.020 São Paulo SP
T. 55 11 3094 0500
www.todavialivros.com.br

fonte
Register*
papel
Pólen soft 80 g/m²
impressão
Meta Brasil